Schenk dir eine Pause

Schenk dir eine Pause

Herausgegeben von Karin Lichtenauer

HERDER

FREIBURG · BASEL · WIEN

Gedruckt auf umweltfreundlichem,
chlorfrei gebleichtem Papier

4. Auflage

Originalausgabe

www.herder.de
Herstellung: fgb · freiburger graphische betriebe 2005
www.fgb.de
Umschlaggestaltung und Konzeption:
R·M·E München / Roland Eschlbeck, Liana Tuchel
Umschlagfoto: © Photonica
ISBN 3-451-07022-7

Inhalt

Vorwort

Pausen in hektischen Zeiten: Sie sind notwendig, erfrischend – und offenbar gar nicht so einfach einzuhalten. Da mag sich mancher zurücksehnen an die Pausenklingel aus Schultagen, die nach 45 Minuten die Unterbrechung markierte. Und es ist auch kein Wunder, dass der Konsum fordernde Slogan „Mach mal Pause" inzwischen schon fast sprichwörtlichen Charakter angenommen hat. Doch Pausen sind mehr als der süße Konsum einer „lila Pause". In ihnen kann man das dolce far niente erleben, das süße Nichtstun, in dem die Zeit sich streckt und dehnt und räkelt – und wir uns mit ihr.

Pausen sind nahrhaft, sie stärken wie ein liebevoll gemachtes Pausenbrot. Denn sie können uns an unsere eigenen Ressourcen führen. Nur in den Ruhephasen zwischen der Arbeit – sei es Erwerbs- oder Hausarbeit – können wir unseren eigenen Sehnsüchten und Träumen begegnen, nur hier in diesem unverzweckten Freiraum können wir erfahren und prüfen, ob unsere Lebensspur noch stimmt. Man denke also nicht zu klein von diesen

Zwischenzonen im dicht besetzten Feld von Stress und Hektik und Pflichten. Pausen können ein Leben verändern. Sie haben im positiven Sinne etwas Anarchisches in einer immer mehr durchstrukturierten Welt, in der die Freiräume scheinbar immer kleiner werden. Doch die wahren Freiräume kann man sich nur selber nehmen. Dazu braucht man Muße und die Lust zum Ausscheren, auch den Mut zu etwas „ganz anderem". Denn die Begegnung mit sich selbst kann Unentdecktes zu Tage fördern, zu neuen Zielen locken, neue Orientierung geben. Pause kann aber auch ganz einfach lustvoll verbrachte Zeit sein, nach dem Motto: Werdet wie die Kinder, macht mal Pause. Das ist dann der reine Genuss. Nicht zufällig finden sich Begriffe wie Innehalten, Stopping, Verlangsamung oder Entschleunigung im Wunschvokabular von vielen Menschen. Sie deuten darauf hin, was fehlt. Und sie fordern dazu auf, es auszuprobieren. Am besten schon, bevor ein Impuls von mitleidig lieben Menschen kommt, die einem sagen: Du hast aber wirklich einmal eine Pause nötig – oder: du solltest endlich Urlaub nehmen. Das sind höchste Alarmzeichen. Die Pause wirklich machen, kann man allerdings nur selbst. Und man wird überrascht feststellen: Sie macht überhaupt keine Mühe! Deshalb: Schenk dir eine Pause. Sie ist ein Luxus, der nichts kostet und viel bringt. Wer Pausen macht, hat mehr vom Leben.

Den Rhythmus finden – ohne Pausen kann man nicht von Arbeit sprechen

Ohne Pausen gibt es keine Musik und ohne Pausen könnte man vermutlich nicht einmal von der Arbeit sprechen:
„Die Pausen sind Zwischenräume im Lattenzaun, der ohne diese ja gar nicht existieren würde."
(Karlheinz A. Geißler)

Eine erstaunlich frühe Beobachtung von Friedrich Nietzsche, die einen kurz vor dem Burnout stehenden Manager zu beschreiben scheint:
„Man denkt mit der Uhr in der Hand, wie man zu Mittag isst, das Auge auf das Börsenblatt gerichtet, – man lebt wie einer, der fortwährend etwas versäumen könnte, denn das Leben auf der Jagd nach Gewinn zwingt fortwährend dazu, seinen Geist bis zur Erschöpfung auszugeben, in beständigem Sichverstellen oder Überlisten oder Zuvorkommen. Die eigentliche Tugend ist jetzt, etwas in weniger Zeit zu tun als ein anderer. Und es gibt nur selten Stunden der erlaubten Redlichkeit: in diesen aber ist man müde und möchte sich nicht nur gehen lassen, sondern lang und breit plump sich niederstrecken."

In der Pause kann man etwas erfahren, was anders ist als alles andere, die reine Zwecklosigkeit. Pausen gehören nicht zur Arbeitszeit, werden in der Regel auch nicht bezahlt: Dennoch ist man gezwungen, die Pausen zu nehmen. Arbeitgeber wissen offenbar um die Wichtigkeit der Pausen für effektives Arbeiten.
Bei bestimmten Berufsgruppen wie bei Therapeuten, Lehrern und Universitätslehrern beträgt „eine Stunde" im übrigen nur 45 Minuten.

„Zeit ist Geld" – mit den Pausen brechen wir aus diesem Schema aus.

EINE KARIKATUR zeigt einen erschöpften Chef am Schreibtisch. Die besorgte Sekretärin sagt: „Sie sollten doch einmal vier Wochen Urlaub machen." – „Verreisen ist mir zu stressig." – „Dann bleiben Sie doch zu Hause." – „Ich habe aber auch keine Lust, das Haus zu renovieren."

Für die Griechen stellten die Pausen eine unverzichtbare Lebensqualität dar. Sie waren ihnen so wichtig, dass sie dafür den ersten Streik der (uns überlieferten) Geschichte riskierten: Es war Aristos, der im Jahr 309 vor Christus für seine Musiker mehr Pausen verlangte.
(Karlheinz A. Geißler)

Keine Zeit für Pausen? Lege dir eine Liste an mit allen Dingen, die du tun musst. Und dann beginne die Dinge zu streichen, die du nicht wirklich tun musst, sondern zu denen du dich nur verpflichtet fühlst. Vielleicht stellt sich auch heraus, dass einiges von anderen erledigt werden kann? Die freie Zeit dann bewusst für sich gestalten: ein Bad nehmen oder eine kurze Entspannungsübung machen. Oder sich mit einer Freundin, einem Freund verabreden und die Zeit gemeinsam verbringen.

Kein Mensch ist so beschäftigt, dass er nicht die Zeit hat, überall zu erzählen, wie beschäftigt er ist.
(Robert Lemke)

Die typische Strategie der Workaholics war schon Nietzsche bekannt: „Der Beruf ist eine Schutzwehr, hinter welche man sich erlaubterweise zurückziehen kann, wenn Bedenken und Sorgen allgemeiner Art einen anfallen."

Stress kann beleben. Aber zuviel Stress macht müde und abgeschlagen, im schlimmsten Fall sogar depressiv. Ärzte sprechen dann von der „Erschöpfungsdepression“. Pausen sind Orte, um die innere Heiterkeit zu entdecken: So wusste man schon zu biblischen Zeiten: „Ein fröhliches Herz belebt das Aussehen – ein beklommenes schlägt den Mut nieder.“ (Spr. 15,13)

Wer hart arbeiten muss oder überhaupt in einem hohen Maße tätig ist, der ist für die Freude verdorben, der macht ein mürrisches Gesicht, und alles, was er denkt, ist einfach und traurig.
(Robert Walser)

Vor lauter Arbeit weiß man oft gar nicht mehr, die freie Zeit zu genießen:
„Die Posse vieler Arbeitsamen: Sie erkämpfen durch ein Übermaß an Anstrengung sich freie Zeit und wissen nachher nichts mit ihr anzufangen als die Stunden abzuzählen, bis sie abgelaufen sind.“ (Friedrich Nietzsche)

Sei kreativ.
Mach öfters Pausen:
„Die Leute, die niemals Zeit haben, tun am wenigsten.“ (Georg Christoph Lichtenberg)

Wer ständig arbeitet, schadet nicht nur seiner Gesundheit, sondern auch anderen Menschen. „Es ist eine wohlbekannte Tatsache, dass die Deutschen seit Generationen ins Arbeiten vernarrt sind, und auf den ersten Blick scheint ihre augenblickliche Betriebsamkeit den Eindruck zu nähren, Deutschland sei möglicherweise immer noch die gefährlichste europäische Nation."
(Hannah Arendt)

... Doch wer schuftet, ist ein Schuft.
(Erich Kästner)

Unentbehrlich

Wirklich, er war unentbehrlich!
Überall, wo was geschah
zu dem Wohle der Gemeinde,
er war tätig, er war da.

Schützenfest, Kasinobälle,
Pferderennen, Preisgericht,
Liedertafel, Spritzenprobe,
ohne ihn, da ging es nicht.

Ohne ihn war nichts zu machen,
keine Stunde hatt' er frei.
Gestern, als sie ihn begruben,
war er richtig auch dabei.
(Wilhelm Busch)

Die Ursache der Managerkrankheit liegt nach Kurt Kusenberg in der Überzeugung, sich selbst für unentbehrlich zu halten sowie im Verlust eines gesunden Instinktes, der anzeigt, was der Körper und die Seele braucht: „Sie überhören, übersehen die Alarmsignale ihres Körpers, sie halten ihre werte Person so lange und so verbissen für unabkömmlich, bis sie plötzlich ganz und gar abkömmlich ist; am Ende ihrer schlaflosen Nächte steht auf einmal der große Schlaf."

Die gebratene Ameise

Bei den fleißigen Ameisen herrscht eine sonderbare Sitte: Die Ameise, die in acht Tagen am meisten gearbeitet hat, wird am neunten Tage feierlich gebraten und von den Ameisen ihres Stammes gemeinschaftlich verspeist. Die Ameisen glauben, dass durch dieses Gericht der Arbeitsgeist der Fleißigsten auf die Essenden übergehe. Und es ist für eine Ameise eine ganz außergewöhnliche Ehre, feierlich am neunten Tage gebraten und verspeist zu werden. Aber trotzdem ist es einmal vorgekommen, dass eine der fleißigsten Ameisen kurz vorm Gebratenwerden noch folgende kleine Rede hielt: „Meine lieben Brüder und Schwestern! Es ist mir ja ungemein angenehm, dass ihr mich so ehren wollt! Ich muss euch aber gestehen, dass es mir noch angenehmer sein würde, wenn ich nicht die Fleißigste gewesen wäre. Man lebt doch nicht bloß, um sich tot zuschuften!" – „Wozu denn?", schrieen die Ameisen ihres Stammes – und sie schmissen die große Rednerin schnell in die Bratpfanne – sonst hätte dieses dumme Tier noch mehr geredet.
(Paul Scheerbart)

Refrain eines Chansons von Friedrich Hollaender:
„Wenn ick mal tot bin, mach ick, wat ick will!"

Die grösste aller Torheiten ist, seine Gesundheit aufzuopfern, für was es auch sei, für Erwerb, für Beförderung, für Gelehrsamkeit, für Ruhm.
(Arthur Schopenhauer)

Die Wirtschaft neigt zu der Klage, wie viel Geld ihr durch Pausen und Ferien und Feiertage verloren geht. Umgekehrt ist zu fragen: Wie viel an Geld geht ihr durch die vielen kleinen Fehler verloren, die durch pausenloses Arbeiten entstehen?

Es wird viel zu viel gearbeitet auf der Welt. Ein immenser Schaden wird durch den Glauben angerichtet, dass Arbeit eine Tugend ist.
(Bertrand Russell)

Kluge Menschen wissen: Es lohnt sich nicht, das ganze Leben zu schuften, um Geld auszugeben, das man nicht hat, für Dinge, die man nicht braucht, um Leuten zu imponieren, die man nicht mag. Wer hektisch nach dem Überflüssigen jagt, ist in Gefahr, das Wesentliche zu versäumen. Entspannung lohnt sich, ist billig und kommt einem unmittelbar selber zugute. So die selbstkritische Einsicht des Altmeisters Goethe: „Dieser Tage habe ich wieder mehr gearbeitet als genossen."

Die äusseren Zwänge sind nur scheinbare Zwänge. Lernen wir es, Herrinnen und Herren über unseren eigenen Lebensrhythmus zu werden. Weise Menschen aus den unterschiedlichen Traditionen, aus den unterschiedlichen Zeiten wissen es:

Nichts ist, das dich bewegt,
du selber bist das Rad,
das aus sich selber lauft
und keine Ruhe hat.
(Angelus Silesius)

Und nachzulesen beim Prediger (4, 6):
„Besser eine Handvoll Ruhe als beide Fäuste voll Mühe und jagen nach Wind."

Von Dschuang Dse ist folgende Geschichte überliefert: Ein Mann ist so verstimmt über den Anblick seines eigenen Schattens und so unglücklich über seine Schritte, dass er beschloss, ihnen einfach davonzulaufen. Doch mit jedem Schritt folgte ihm sein Schatten. Und er lief schneller und schneller, bis er zuletzt tot umfiel: „Wäre er einfach in den Schatten eines Baumes getreten, so wäre er seinen eigenen Schatten losgeworden, und hätte er sich hingesetzt, so hätte es keine Schritte mehr gegeben …"

Über den Tod nachzudenken heißt immer wieder auch, darüber reflektieren, wie wir hier leben lernen können, wie wir so leben können, dass wir von unseren Werken gerne ausruhen werden.
(Anselm Grün)

Die Pause ist ein Zeitsofa, auf dem wir uns langmachen, aber auch zusammenrollen können, auf dem wir wachen, schlafen, lieben, träumen und auf dem wir aus dem Totalitarismus der Ereignisse aussteigen dürfen. Auf dieser temporären Liegestatt wird man daran erinnert, dass der Sinn allen Tuns darin besteht, nichts mehr tun zu müssen. (Karlheinz A. Geißler)

Offenbar ist es notwendig, aus der Hektik auszubrechen. Denn damit gibt man auch dem Glück eine Chance, so Nietzsche: „Du bist zu schnell gerannt für das Glück. Jetzt, wo du müde bist, holt das Glück dich ein."

Ständige Aktivität ist kein Garant für den Erfolg und Ruhephasen sind notwendig: „Nicht jedes mal können Bemühungen belohnt werden. Manchmal haben Versäumnisse und Unterlassungen gute Folgen.“ (Robert Walser)

Nicht nur Menschen, sondern auch die Maschinen und die Computertechnologie brauchen Stopps, damit es nicht zum Systemzusammenbruch kommt, so berichtet Karlheinz Geißler: „Stürzt der amtliche Index, der Dow Jones, um 350 Punkte, wird das Börsengeschäft für eine halbe Stunde unterbrochen; stürzt er um 550 Punkte, wird die Pause auf eine Stunde verlängert, wahlweise wird der Geschäftsbetrieb völlig gestoppt. Pausen sind es also, die das System funktionsfähig erhalten.“

Die Absurdität des Non-Stopp zeigt folgende Anzeige eines Online-Services in modisch-schneller Kleinschrift:

„das internet schläft nie, macht nie mittag, geht nie in urlaub. Web hosting ist nichts für leute, die an normalen bürozeiten hängen … Das internet ist völlig unbarmherzig, absolut unnachsichtig und durch nichts zu ermüden. Um die kontrolle zu bewahren, verhalten sich unsere mitarbeiter ebenso … Jede stunde führen wir über 2000 messungen der website-performance durch und überwachen sämtliche abläufe zwischen ihnen und ihren kunden in über vierzig ländern. Denn in der new economy gibt es keine kaffeepausen …"

Auch die Ökonomie braucht sie, die Unterbrechungen. Der Betreiber eines Theaterrestaurants klagt darüber, dass immer mehr Stücke ohne Pause gespielt würden. Die Besucher würden dann nach dem Ende sofort nach Hause gehen. Doch auch der Zuschauer hat doch ein Recht auf seine Pause. Um sich auszutauschen oder auch einfach nur, um sich von der Konzentration zu erholen, die er in der Zeit des Zuhörens und Zusehens aufgebracht hat. Oder zur stillen Reflexion des gerade Gesehenen und Gehörten. Und was gibt es Schöneres, als „Leute zu gucken", zu plaudern …

Auch das ist eine Pause: etwas so Banales, sich die Zeit zu nehmen, um auf die Toilette zu gehen. Michel de Montaigne erzählt folgende drastische Geschichte aus der griechischen Antike:
„Äsop, dieser große Mann, sah einen Herrn im Gehen pissen. ‚Was soll denn das?', sagte er, ‚werden wir auch noch im Laufen scheißen müssen?' "

Erst aus der Aktivität heraus kann man Stille, die Ruhe wirklich genießen: Anthony de Mello fasst diese Erkenntnis in eine kurze Geschichte: Ein nicht übertrieben eifriger Schüler klagte, er habe noch nie die Stille kennen gelernt, die der Meister stets empfahl. Sagte der Meister: „Stille erfahren nur aktive Menschen."

Die Kunst des Ausruhens ist ein Teil der Kunst des Arbeitens. (John Steinbeck)

Die Arbeit wird erst dadurch schön,
dass sie Pausen, einen Anfang und ein Ende hat.
(Karlheinz A. Geißler)

Sich in der Arbeit nicht verlieren. Pausen geben innere Klarheit zurück. Damit es einem nicht so geht, wie Helmut Qualtingers Motorradfahrer: „Ich weiß zwar nicht, wo ich hin will, dafür bin ich aber schneller dort."

Durch Leichtfertigkeit verliert man die Wurzeln, durch Unruhe die Übersicht.
(Laotse)

Hast du es eilig, mach einen Umweg.
(Zen-Weisheit)

Die Langsamkeit kultivieren. Nur so kann die Ruhe zur „himmlischen Ruhe“ werden. Denn die Eile hat der Teufel erfunden. So sagt es ein italienisches Sprichwort.

Wenn die Hektik überhand nimmt, folgendes Gegenmittel ausprobieren und die ekstatischen Wonnen der Langsamkeit entdecken: Eine sportliche Regel des „Vereins zur Verzögerung der Zeit“ (den es wirklich gibt!): „Legen Sie hundert Meter in einer halben Stunde zurück.“ Du wirst erstaunliche Entdeckungen machen.

Hast erzeugt Magenkrankheit.
(Jüdische Weisheit)

Bitte nicht hetzen! Ich bin am Arbeiten und nicht auf der Flucht!
(Spruch in einem Wiener Café-Haus)

Wer fleißig ist wie eine Biene, Kräfte hat wie ein Stier, arbeitet wie ein Pferd, abends müde ist wie ein Hund, sollte mal zum Tierarzt gehen, denn vielleicht ist er ein Kamel.

Bienen sind nie so eifrig wie sie klingen,
sie können nur nicht langsamer summen.

Es gibt Wichtigeres im Leben, als beständig dessen Geschwindigkeit zu erhöhen.
(Mahatma Gandhi)

Der moderne Mensch hat ein neues Laster erfunden: die Schnelligkeit.
(Aldous Huxley)

Und eine anonyme Weisheit:
Halte deine Ruhe heilig,
nur Verrückte haben's eilig.

Das Leben kennt seine eigenen Rhythmen und verläuft nie in „geordneten Bahnen“, so die Schriftstellerin Natalie Goldberg:
„So sehr wir es auch in Ordnung zu bringen versuchen: wir können plötzlich sterben, ein Bein verlieren oder ein Glas Apfelmus fallen lassen.“

Je genauer du planst und alles unter Kontrolle haben willst, desto härter trifft dich der Zufall. Pausen sind Einübungen ins Ungeplante.

Hat alles seine Zeit

Das Nahe wird weit
Das Warme wird kalt
Der Junge wird alt
Das Kalte wird warm
Der Reiche wird arm
Der Narre gescheit
Alles zu seiner Zeit
(Johann Wolfgang von Goethe)

Weisheit des Körpers: Auch er arbeitet nicht ununterbrochen: nach jedem Herzschlag gibt es eine kleine Pause, nach dem Einatmen und dem Ausatmen gibt es eine kleine, unwillkürliche Ruhephase vor dem erneuten Atmen. Es ist möglich, einmal ganz bewusst darauf zu achten. Diesen Rhythmus auf die Arbeit übertragen: Wenn irgend möglich nach 55 Minuten 5 Minuten Pause machen. Einatmen und ausatmen. Die Ruhe kultivieren.

WAS WÄRE DIE MUSIK ohne die winzig kleinen Pausen, die die Dramatik steigern – oder eine Spannung sanft ausklingen lassen? Manche Musik folgt dem natürlichen Rhythmus des Pulses – sie wirkt besonders besänftigend, spontan zugänglich. Andere Rhythmen fordern zur Aktivität auf. In der Musik ist der Dauer jeder Note auch die Dauer einer Pause zugeordnet. Beim Singen entstehen gleichsam „natürliche“ Pausen durch die Notwendigkeit, Atem zu holen. Und anders als bei Theaterstücken gibt es kaum ein Konzertprogramm, das den Zuhörern keine Pause gönnt.

Was heißt es, die eigene Lebensmelodie und den eigenen Rhythmus zu finden? Schenk dir selber die Zeit, verschiedene Rhythmen, verschiedene Melodien herauszufinden.

Rhythmus – das ist etwas sehr Lebendiges. Er variiert immer, anders als ein festgelegter Takt. Das menschliche Herz schlägt rhythmisch, also immer mit kleinen Abweichungen, nicht immer gleich.

Das Leben besteht aus seltenen einzelnen Momenten von höchster Bedeutsamkeit und unzählig vielen Intervallen, in denen uns bestenfalls die Schattenbilder jener Momente umschweben. Die Liebe, der Frühling, jede schöne Melodie, der Mond, das Meer – alles redet nur einmal ganz zum Herzen, wenn es überhaupt je ganz zu Worte kommt. Denn viele Menschen haben jene Momente gar nicht und sind selber Intervalle und Pausen in der Symphonie des wirklichen Lebens. (Friedrich Nietzsche)

Ein Schüler fragt den Zen-Meister, wie Meditation denn gehe.
Der Meister antwortete: „Wenn ein vergangener Gedanke aufgehört hat und ein zukünftiger Gedanke noch nicht entstanden ist, gibt es da nicht eine Lücke?“
„Ja.“ sagte der Schüler.
„Nun gut, verlängere sie. Das ist Meditation.“
(Zen-Weisheit)

Natürlich – ich weiß doch nicht, wenn eine Pause beginnt, ob die einige Sekunden oder ob die einige Stunden dauert, denn es gibt doch Pausen in allen Größen.
(Karl Valentin)

Pausen sind mehr und etwas anderes als Negation der Arbeitszeit oder Wiederherstellung der Arbeitskraft. Wirkliche Pausen werden nicht von der Stoppuhr gezirkelt und von der Stechuhr gemessen und mit der Sirene eingeläutet. Sie haben ihren Wert in sich. Nur darin liegt ihr Charme.

Ich bin immer, auch im Leben, für Ruhepunkte. Parks ohne Bänke können mir gestohlen werden. (Theodor Fontane)

Das alte Prinzip der Mönche, ora et labora, bete und arbeite, verhindert pausenlose Aktivität und weist auf einen Rhythmus hin, in dem unser Leben sich entfalten kann. Nur wer solche Pole zulässt und lebt, lebt in Balance und findet seine Mitte.

Hildegard von Bingen: „Der Mensch muss sich aber hüten, durch zu viel Arbeit seinen Leib zu töten."

Unbedingte Tätigkeit, von welcher Art sie sei, macht zuletzt bankerott.
(Johann Wolfgang von Goethe)

Lukian: „Sechs Stunden sind genug für die Arbeit. Die anderen Stunden sagen zum Menschen: lebe!"

Vergiss die Pause nicht …!
Von der Notwendigkeit der Faulheit und des Müßiggangs

Müssiggang und Nichtstun sind die Lebenshaltung, die man für die Pausen braucht. Sie sind nämlich zweckfrei und entbinden die Pause von der Arbeit. Sie sind Voraussetzung für das wahre Glück: „Einem Menschen zu sagen, er solle ausruhen, bedeutet, ihm zu sagen, er solle glücklich leben." (Blaise Pascal)

Doch das Glück ist nicht so einfach erreichbar, wie Goethe feststellen musste: „Es ist ein einförmiges Ding um das Menschengeschlecht. Die meisten verarbeiten den größten Teil der Zeit, um zu leben. Und das Bisschen, das ihnen von der Freiheit übrig bleibt, ängstigt sie so, dass sie alle Mittel aufsuchen, um es los zu werden."

Die Kunst der echten Musse lernen.

Auch Nicht-Tun ist offenbar nicht so einfach. Der tibetische Weise Sogyal Rinpoche: „So genannte westliche Faulheit besteht darin, das Leben mit zwanghaften Aktivitäten so voll zu stopfen, dass keine Zeit mehr bleibt, sich um die wirklich wichtigen Dinge zu kümmern."

In der Musse aber haben wir die Zeit, die „richtigen“ Fragen zu stellen – sie können ein Leben umkrempeln. Der Filmemacher Luis Buñuel hat die Erkenntnis formuliert: „Wenn mir jemand sagen würde: Du hast 20 Jahre zu leben, wie willst du die Zeit verbringen, würde ich antworten: Gib mir zwei Stunden am Tag für die Arbeit, und die anderen zum Träumen.“

Nicht noch mehr Arbeit, sondern die freie Zeit ist das, was anzustreben ist. Denn hier können wir wahre Freiheit erfahren, wie Aristoteles wusste: „Das Ziel der Arbeit ist die Muße, die Muße ist die Schwester der Freiheit.“

Als der Weise ostwärts zum Ozean reiste, begegnete er Yüan-Feng am östlichen Meer.
„Wohin des Wegs?“, rief er ihm zu.
„Ich gehe zum Ozean“, antwortete der Weise.
„Was willst du da tun?“
„Tun?“, sagte der Weise. „Der Ozean ist kein Ding, das du durch Eingießen füllen oder durch Ausschöpfen leeren kannst. Ich gehe zu ihm, um mich an ihm zu erfreuen.“
(Dschunag Dse)

Musse ist der Gegenentwurf zur Arbeit, die die Menschen auffrisst. In der Muße dehnt sich die Zeit. Deswegen ist es fatal, die arbeitsfreien Zeiten, in denen man auf der faulen Haut liegen könnte, mit Aktivitäten zu füllen, die wieder neuen Stress bringen.
Sich auf einen neuen Tag, auf eine neue Aufgabe freuen und sogar der Routine gute Seiten abgewinnen, können nur diejenigen, die sich gut ausgeruht haben.

Wer die freie Zeit aufregend gestaltet, kann einen Job mit viel Routine als Erholung empfinden. Und umgekehrt: Menschen mit einem aufregenden Job brauchen eine geregelte Freizeit mit viel Muße.

Lieber gut zu nichts als schlecht zu allem. Ein französischer Lebenskünstler: Anstatt seinen Fels zu wälzen, hätte Sisyphos lieber Boules spielen sollen.

Folgendes Mittel gegen allzu fleißiges Arbeiten stammt von Erich Kästner:
„Hände sind zum Händereiben.
Sprecht schon morgens: ‚Gute Nacht‘."

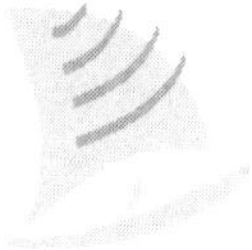

Eine in vielen Variationen erzählte Geschichte – die allerdings immer in Ländern spielt, in denen Lebenskünstler sich daheim fühlen: Ein Tourist fragt einen jungen Mann, der in Süditalien träumerisch auf einer Mauer sitzt: „Warum arbeiten Sie eigentlich nicht?“

„Warum soll ich denn arbeiten?“

„Um Geld zu verdienen natürlich, und zu sparen!“

„Und warum sollte ich sparen?“

„Zum Teufel, um im Alter nicht mehr arbeiten zu müssen.“

„Genau das tue ich ja. Ich bin jung und noch nicht alt, und ich lebe.“

Was du morgen kannst besorgen, das verschieb auf übermorgen.

Wer nicht richtig faulenzen kann, kann auch nicht richtig arbeiten.

Erfolgreiche Arbeit ist einfach eine hochentwickelte Form der Faulheit.

Die Arbeit ist heilig: aber selig ist der, der sich davor hütet.

Nichts zu tun, das bedeutet auch, sich Zeit zu lassen, warten zu können, wach und offen zu sein. Es ist nicht zu verwechseln mit dem „Coach-Potato", der auf dem Sofa zur Soap-Opera eine Packung Kartoffelchips nach der anderen in sich hineinschlingt. Echtes Faulsein ist eine Kunst, die wunderbare Möglichkeiten eröffnet. Wie Christa Wolfs zarter Satz beweist: „Müßiggang ist aller Liebe Anfang."

Still sitzend,
nichts tuend,
kommt der Frühling
und das Gras wächst von allein.
(Zen-Weisheit)

Der Liebe und dem Wunder des Lebens gelten die Sätze, die Georg Büchner in „Leonce und Lena" den Valerio sprechen lässt: „... und es wird ein Dekret erlassen, dass, wer sich Schwielen an die Hände schafft, unter Kuratel gestellt wird; dass, wer sich krank arbeitet, kriminalistisch strafbar ist; dass jeder, der sich rühmt, sein Brot im Schweiße seines Angesichts zu essen, für verrückt und der menschlichen Gesellschaft gefährlich erklärt wird; und dann legen wir uns in den Schatten und bitten Gott um Makkaroni und Feigen, um musikalische Kehlen, klassische Leiber und eine commode Religion."

Kritik am Arbeitswahn kannte schon Diderot, der französische Aufklärer im Vorfeld der Moderne. Er leiht einem Häuptling auf Tahiti seine Stimme: „Wir haben die Summe unserer jährlichen und täglichen Mühen möglichst klein gehalten, weil unserer Meinung nach nichts der Ruhe vorzuziehen ist."

Pausen sind die kleine Schwester der Muße.

Langeweile – ein wunderbares Wort: die Zeit dehnt sich, man hat plötzlich alle Zeit der Welt. Mit gutem Gewissen einfach da sein, aus dem Tun aussteigen. Auch das will gelernt und ausgehalten sein: „Nichts ist dem Menschen so unerträglich, als wenn er sich in vollkommener Ruhe befindet, ohne Leidenschaften, ohne Beschäftigungen, ohne Zerstreuungen, ohne Betriebsamkeit." (Blaise Pascal)

An sich ist Müßiggang durchaus nicht eine Wurzel allen Übels, sondern ist, im Gegenteil, ein geradezu göttliches Leben, solange man sich nicht langweilt.
(Sören Kierkegaard)

Ein gutes Rezept von Karl Heinrich Waggerl: „Muße ist das Kunststück, sich selbst ein angenehmer Gesellschafter zu sein."

Die meisten Aufgaben lösen sich von selbst. Man darf sie nur nicht dabei stören.

Wir gehen nur wegen der Pausen zur Arbeit.

Manche Aufgaben muss man zigmal verschieben, bevor man sie endlich vergisst.

Wie schön ist es, nichts zu tun und sich hinterher davon zu erholen.

Die Paradoxie der Faulheit:
„Müßiggang ist aller Laster Anfang, aller Tugenden Krönung." (Franz Kafka)

Die Gelegenheiten zur Muße finden sich überall, es kommt darauf an, sie zu ergreifen: „Unser Lebensweg steht auf beiden Seiten so voll Bäumchen und Ruhebänken, dass ich mich wundere, wenn einer müde wird." (Jean Paul)

Faulheit ist die Angewohnheit, sich auszuruhen, bevor man müde wird.

„Wer keinen Mut zum Ausruhen hat, hat keine Kraft zum Kämpfen." – So die „Internationale der sozialistischen Nonaktivisten".

Selbst Gott hat am siebten Tage geruht. Gönn dir eine Pause.

Hoch lebe die Arbeit! –
So hoch, dass keiner drankommt.

Nicht nur Leistung und Aktivität zählen, nicht nur die Zeit, in der wir etwas auf die Beine stellen. Stolz können wir auch auf etwas anderes sein, wie der Philosoph Cioran bemerkt: „Unser eigentliches Vermögen: die Stunden, in denen wir nichts getrieben haben. Sie sind es, die uns formen, uns individualisieren, uns unterscheiden."

Wie es gelingt, die Muße einzuüben: „Erledige immer eine Sache weniger als du könntest." (Bernard Baruch)

Als der eben angekommene Schüler den Zenmeister zum ersten Mal bei seiner Zen-Übung sah, fragt er ihn: „Was machst du da?“
Der Meister erwiderte: „Gar nichts.“
Der Schüler sagte: „Du sitzt also nur faul da.“
Der Meister: „Wenn ich faul dasäße, würde ich ja etwas tun!“
Der Schüler, verständnislos: „Hast du nicht gesagt, du würdest nichts tun? Was also tust du nicht?“
Der Meister: „Das wissen nicht einmal die Götter!“
(Zengeschichte)

Gegen allen Tätigkeits- und Machbarkeitswahn sollten wir uns an die biblische Weisheit erinnern, nachzulesen bei Matthäus 6. 28: „Lernt von den Lilien, die auf dem Feld wachsen: Sie arbeiten nicht und spinnen nicht. Ich sage euch: Selbst Salomo war in all seiner Pracht nicht so gekleidet wie eine von ihnen."

Und die griechische Philosoph Antipatros meint: „Lasst uns leben das Leben der Väter, und lasst der Gaben arbeitslos uns freuen, welche die Göttin uns schenkt."

Die Befreiung vom Negativ-Image könnte darin liegen, das Nichtstun selbst als Arbeit zu begreifen – und so allen Vorwürfen zuvorzukommen. Der Vorschlag von Jean de la Bruyère geht in diese Richtung: „Es fehlt dem Müßiggang der Weisen nur an einem besseren Namen: Wie, wenn man sich bereit fände, Nachdenken, Sprechen, Lesen und Stillhalten Arbeiten zu nennen?"

Nur der Müßiggänger ist wahrhaft aktiv – auch wenn man's auf den ersten Blick nicht erkennt. Der Spanier Miguel de Unamuno, der sich selbst als äußerst arbeitsam beschreibt, bricht eine Lanze für den Müßiggang – offenbar aus eigener Erfahrung: „Ja, ich möchte – zumindest teilweise – ein Loblied aufs Nichtstun singen; ich will euch sagen, dass der Müßiggänger einer der aktivsten Menschen ist."

Die Geizigen sind den Bienen zu vergleichen. Sie arbeiten, als ob sie ewig leben würden.
(Demokrit)

Mit Jürgen Fliege kann man sich hin und wieder die provokante Frage stellen, was auf dem eigenen Grabstein stehen könnte: „Doch hoffentlich nicht ‚Arbeit war sein – oder ihr – ganzes Leben'? Das wäre vielleicht der richtige Spruch für ein Pferd ..."

Die Arbeit ist etwas Unnatürliches. Die Faulheit allein ist göttlich.
(Anatol France)

Faulheit, das sind die paradiesischen Augenblicke im Leben, so zumindest Friedrich Schlegel: „O Müßiggang, Müßiggang! Du bist die Lebensluft der Unschuld und der Begeisterung; dich atmen die Seligen, und selig ist, wer dich hat und hegt, du heiliges Kleinod! Einziges Fragment von Gottähnlichkeit, das uns noch aus dem Paradiese blieb."

Einen Sinn für die paradiesischen Schönheiten entwickeln, die uns umgeben. Sich den Luxus der Nicht-Arbeit gönnen und mit Robert Walser sagen können: „Ich habe den Tag als zu schön empfunden, als dass ich den Übermut hätte besitzen können, ihn durch Arbeit zu entweihen."

Müßiggang, das ist es, was den Menschen als Menschen auszeichnet, glaubt man Sören Kierkegaard: „Müßiggang ist nichts Übles, ja man muss sagen: Ein Mensch, der für diesen keinen Sinn hat, zeigt damit, dass er sich nicht zur Humanität erhoben hat."

Ich bleib dabei

Durch Arbeitsamkeit würde sich unser Wohlstand vermehren,
aus dem Wohlstand entstünde Reichtum,
aus dem Reichtum entstünden höhere Wünsche,
aus den Wünschen Unzufriedenheit …
Nein, du verlockst mich nicht,
ich bleib' bei meinem stillbescheidenen tatenlosen Wirkungskreis –
ich arbeit' nix!
(Johann Nepomuk Nestroy)

Nichtstun ist besser als mit viel Mühe nichts schaffen.
(Laotse)

Es gibt also eine Menge neu zu überdenken heutzutage wie auch zu Zeiten Friedrich Nietzsches: „Es gehört deshalb zu den notwendigen Korrekturen, welche man am Charakter der Menschheit vornehmen muss, das beschauliche Element in großem Maß zu verstärken ... Wenn Müßiggang wirklich der Anfang aller Laster ist, so befindet er sich also wenigstens in der Nähe aller Tugenden; der müßige Mensch ist immer noch ein besserer Mensch als der Tätige."

In der rastlosen Non-Stopp-Gesellschaft, die pausenlose Aufmerksamkeit fordert und pausenlosen Einsatz prämiert, gerät auch das genussvolle Pausieren unter Verdacht, dem der Müßiggang und das Nicht-Arbeiten in Deutschland seit alters ausgesetzt sind. Selbst große Geister fallen in diesen kritischen Chor ein. Im Grimmschen Wörterbuch heißt die Bilanz: „Bei Luther nimmt der Müßiggang den selben Stellenwert ein wie Fressen, Saufen, Spielen, Tanzen, Unkeuschheit. Dass der Müßiggang aller Laster Anfang ist und des Teufels Ruhebank, sollte wohl allbekannt sein."

Groucho Marx: „Was man nicht im Bett tun kann, ist nicht wert, getan zu werden."

Lieber Gott, lass Abend werden, womöglich noch vorm Frühstück.

Verschiebe nie auf morgen, was du heute von anderen erledigen lassen kannst.

Wer viele Überstunden macht, dem ist auch sonst nicht zu trauen.

Der Mensch hat zwei Arme, um zu arbeiten und zwei Beine, um vor der Arbeit zu fliehen.

Arbeit macht Spaß, Spaß beiseite.

Arbeitswut tut selten gut.

Was du heute nicht erledigst, musst du morgen nicht korrigieren.

Es gibt viel zu tun – nichts wie weg!

Innehalten – denn in der Ruhe liegt die Kraft

Die Stunden, die zählen, sind die Stunden, die nicht gezählt werden.
(Karlheinz A. Geißler)

Vielleicht ist die Zeit ein Phantom? Alles, was wir wahrnehmen, sind Augenblicke. Das einzige, was wirklich existiert, sagen zumindest einige Philosophen, ist der Moment, in dem wir gerade leben. Nutze die Zeit. Lebe den Augenblick.

Die Zeit ist das kostbarste Gut. Man kann sie für Geld nicht kaufen.
(Rabbi Jaakow Emden)

Wer seine Gedanken beobachtet, merkt schnell, dass wir meistens in der Vergangenheit oder in der Zukunft sind. Dabei käme es darauf an, in der Gegenwart zu sein. Der Philosoph Blaise Pascal hat gezeigt, wie schwer das fällt: „Wir verbergen die Gegenwart unserem Blick, weil sie uns schmerzt. Doch ist sie uns angenehm, so grämt uns, dass sie uns enteilt. Wir versuchen, ihr durch die Zukunft nachzuhelfen und meinen, die Dinge, obwohl sie nicht in unserer Gewalt sind, für eine künftige Zeit ordnen zu können, ohne die Gewähr zu haben, dass wir sie erleben. So kommt es, dass wir nie leben, sondern nur die Hoffnung haben zu leben; und weil wir uns immer nur darauf vorbereiten, glücklich zu werden, kommt es dazu, dass wir es niemals sind."

Ganz gegenwärtig zu sein, ist ein Weg, Ewigkeit zu ahnen: Boethius hat das so ausgedrückt: „Ewigkeit ist, wenn es nicht mehr an Gegenwart fehlt.“

Bewusst leben: „Die Zeit ist ein allzu wertvolles Gut, um missachtet zu werden. Sie ist eine goldene Kette, an der die ganze Ewigkeit hängt. Der Verlust an Zeit ist unverzeihlich, denn er ist durch nichts wieder gut zu machen.“ Diese moderne Weisheit stammt aus dem Jahr 1690.

Wer nach der letzten Dimension sucht und die Ewigkeit in der Zeit berühren will, der trinke eine Tasse Tee in Achtsamkeit.
(Zen-Weisheit)

Leben braucht einen langen Atem. Und Präsenz. Meditationsmeister machen darauf aufmerksam: Wer beim vergangenen Atemzug hängen bleibt, droht zu ersticken. Und wer der Gegenwart immer voraus sein will, wird an seiner Hast zugrunde gehen. Vermeide Lebenshast.

Die kleinen Freuden im Innehalten entdecken, so wie sie Goethe empfiehlt: „Man soll alle Tage wenigstens ein kleines Lied hören, ein gutes Gedicht lesen, ein treffliches Gemälde sehen und, wenn es möglich zu machen wäre, einige vernünftige Worte sprechen."

Wenn du die Zeit nicht zur Aufheiterung deiner
Seele verwendest, wird sie entschwinden.
Und du wirst entschwinden.
Und ein zweites Mal wird es nicht möglich sein,
sie zu verwenden.
(Marc Aurel)

Gönn dir Zeit für dich. Reserviere dir jeden Tag eine Zeit, die nur dir gehört. Nimm dir Zeit – sie gehört dir, ohne Leistungsdruck. Am Abend, am Morgen oder am Nachmittag. Sag Ja zu dir. Erfahre deine Umgebung, als ob du sie zum ersten Mal erleben würdest. Beim Gehen den Boden unter den Füßen, die Luft, die du atmest, den Weg, den du gehst.

Mach dir selber keinen Druck.
Auch gegenüber dem eigenen Stress kann man nicht mit Gewalt angehen. Nicht einmal sich darüber zu ärgern bringt etwas.

Der Sinn des Ganzen besteht nicht im Tun und schon gar nicht im hektischen Tun. Betrachte einen Baum. Höre die Vögel. Gehe in einen ruhigen Wald. Sieh die Vielfalt einer Wiese. Bewundere einen Berg. Geh auf einem unebenen Feldweg. Und du wirst einsehen und „nicht einen Augenblick zweifeln: dass sie nicht für eine Tätigkeit leben.“ (Ernst Kreuder)

Sich Zeitinseln schaffen, in denen man einfach „nur lebt“. Wenn es im Beruf hektisch ist, zu Hause pausieren: Mit den Kindern ein Spiel spielen, ein Nickerchen machen. Gemeinsam lachen. Eine Minute herzhaftes Lachen ist so entspannend wie eine zwanzigminütige Meditation: Schenk dir eine Lachpause.

Der ursprüngliche Begriff der Stunde weicht von einer aus 60 Minuten bestehenden Zeiteinheit völlig ab.
Sie ist kein numerisches Maß.
Sie ist ein Seelenmaß.
(David Steindl-Rast)

Nimm dir jeden Tag eine halbe Stunde Zeit zum Gebet, außer wenn du viel zu tun hast, dann nimm dir eine Stunde Zeit!
(Franz von Sales)

Zu-sich-Selber-Kommen – das kann man, wenn man sich ein wenig Stille gönnt –, hier warten vielleicht ungeahnte Entdeckungen, längst vergessene Träume und Sehnsüchte.

Ist es nicht auch interessant, dem stillen Zwiegespräch in sich einmal zu lauschen, das zwar ständig spricht, selten aber Gehör findet?
(Peter Heintel)

Zu sich selber kommen, ganz wörtlich:
Heute mach ich mir eine Freude und besuche mich selbst.
(Karl Valentin)

HEUTE SCHON GELACHT? Eine Pause einlegen, um trübe oder stressige Gedanken zu vertreiben. Sich einen komischen Film anschauen und von Herzen kichern und lachen: Urlaub für die Seele.

EIN FRÖHLICH HERZ tut auch dem Körper gut, den Leib dörrt aus ein kummervoll Gemüt.
(Sprüche 17,22)

Bewusst eine Zeit der Stille einplanen, möglichst jeden Tag.
Zehn Minuten für sich allein sein, sich bequem auf den Boden legen und entspannen.
Auf den Atem hören und sich ganz auf ihn konzentrieren.
Zehn Minuten, ganz für sich allein.
Die Kostbarkeit dieser Zeit genießen.

Spazieren gehen: bewusst den Boden unter den Füßen spüren, die Gerüche, die in der Luft liegen, schnuppern, das sehen, was am Wege liegt, den vielfältigen Geräuschen lauschen. Alle Sinne öffnen. Das kann man am besten allein – oder mit einem Menschen, der ebenfalls eine Pause in der Geschäftigkeit und im Gerede des Alltags einlegen will.

Telefonpause: Zenmeister schlagen vor, etwa wenn das Telefon läutet, nicht gleich zum Hörer zu greifen, sondern zunächst zwei- oder dreimal bewusst zu atmen und erst dann abzunehmen.

Handypause: Das Handy abschalten. Und schon gar nicht mit ins Kino, Theater, Restaurant … nehmen. Es genießen, nicht erreichbar zu sein.

Fernsehpause: den Kindern etwas vorlesen, kuscheln, spielen. Im Übrigen geht's auch ohne Kinder: sich etwas vorlesen lassen, der Stimme eines lieben Menschen folgen. Wenn man allein ist: eine Audio-Kassette auflegen von einem Buch, das man schon lange lesen wollte – und der kultivierten Stimme des professionellen Vorlesers folgen.

Kunstpause: bewusst eine kurze Zeit der Stille einplanen, wenn man einen Gedankengang darlegt – damit der Groschen bei den Zuhörenden auch wirklich fallen kann.

Sendepause: für die lieben anderen nicht verfügbar sein. In Hotels gibt es dafür das nette Schildchen „Bitte nicht stören".

Computerpause: das Internet ausgeschaltet lassen, auf Emails verzichten: Kleine Ferien.

Gedankenpause: einfach loslassen, sich in eine Übung des konzentrierten Nicht-Denkens hineinbegeben. Auf den Atem achten, ihm folgen. Und immer, wenn ein Gedanke kommt, ihn loslassen.

Atempause: dem Atem Raum geben, nichts anderes tun als zu atmen. Innehalten in der Hektik, etwas anderes tun, einen anderen Rhythmus finden.

Nur in Umkehr und Ruhe liegt eure Rettung,
nur Stille und Vertrauen verleihen euch Kraft.
(Jesaja 30,15)

Menschen haben immer viele Möglichkeiten – und meistens mehr als sie denken. Aber die meisten verwenden mehr Zeit darauf, ihre Ferien zu planen als darüber nachzudenken, was sie mit ihrem Leben anfangen können.
(Bob MacDonald)

Immer wieder „zurückkommen“: die Hektik kurz verlassen und zum Atem finden, regelmäßig, einmal in der Stunde für eine kurze Zeit: drei oder vier bewusste Atemzüge genügen für eine kleine Erfrischungspause.

Ein Rezept bei Ärger und Frust im Alltag: Bevor du zornig wirst, mach eine kleine Pause. Atme dreimal durch.

Bevor du dich daran machst, die Welt zu verändern, gehe dreimal durch dein eigenes Haus. (Sprichwort)

Immer wieder Zeiten finden, in denen man still sein kann, kein Telefon klingelt, die Musikanlage abgeschaltet ist, der Straßenlärm nur Hintergrundmusik ist. Der Stille aufmerksam lauschen.

Der Weg zu allem Großen geht durch die Stille.
(Friedrich Nietzsche)

Kraft und Ruhe bietet die Natur – kostenlos und unaufwändig. Hildegard von Bingen sprach von der „Grünkraft“. Und in der Tat, Grünes ist wohltuend für die Augen und für die Seele.
Den Blick ruhen lassen auf einer grünen Wiese, im Frühling die unterschiedlichen Grünfärbungen wahrnehmen. Sich eine grüne Pflanze ins Büro stellen.
Kraft auftanken.

Gleich einer ziehenden Wolke
durch nichts gebunden:
Ich lasse einfach los, gebe mich
in die Launen des Windes.
(Ryokan)

Aufenthalt in der Natur – warum ist das so erholsam? Warum erfüllen uns Gräser, Wiesen, ein Baum mit so reiner Lust? Christian Morgenstern weiß die Antwort: „Weil wir Lebendiges vor uns sehn, das nur von außen her zerstört werden kann, nicht durch sich selbst. Der Baum wird nie an gebrochenem Herzen sterben und das Gras nie seinen Verstand verlieren. Von außen droht ihnen jede mögliche Gefahr, von innen her aber sind sie gefeit. Sie fallen sich nicht selbst in den Rücken wie der Mensch mit seinem Geist und ersparen uns damit das wiederholte Schauspiel unseres eigenen zwiespältigen Lebens."

Pausen geben unserem Leben Offenheit. Sie müssen nicht verplant und vollgepackt sein. Man kann sie einfach auch nur verträumen, verbummeln, man kann in Gedanken verreisen und doch dableiben, dösen und trödeln. Ohne jede Verpflichtung. Vielleicht kommt Muße auch nur auf, wo keine Planung Grenzen setzt.

Friedrich Nietzsche: „Die größten Ereignisse – das sind nicht unsere lautesten, sondern unsere stillsten Stunden."

Unterbrechungen schärfen die Sinne: eine kleine Pause auch im Genießen machen – eine Zeit lang auf Alkohol oder Süßes verzichten. Und dann den ersten Schluck Wein, das erste Stückchen Schokolade schlürfen oder lutschen.

Die kleinen Urlaube des Alltags, das sind die Pausen, die uns aus der Routine und der Besessenheit der Arbeit holen: „Lass dich ablenken. Mach sozusagen Urlaub. Überhör keinen Baum und kein Wasser." (Peter Handke)

Das grosse Abenteuer: bei sich selber ankommen und es mit sich selber aushalten.

Es gibt Leute, die zweifeln sogar, ob es Nichtstun überhaupt geben kann. Nicht einmal nachts kommt man zur Ruhe. Man spricht ja sogar von nächtlicher Traum-Arbeit. Dagegen hilft nur ein Gegenbeweis: Das Tag-Träumen. Mitten am Tag still werden und sich auf sich selbst zurückziehen auf die Insel, die das eigene Ich ist. Endlich einmal nicht abgelenkt von äußeren Ansprüchen, von Zielen und Programmen. Endlich einmal nicht konsumieren. Endlich einmal nicht immer nur auf andere eingehen. Schwerelos Gedanken und Bilder aufsteigen lassen wie Ballons, den eigenen Phantasien Freilauf geben, die Gedanken spazieren führen, zwecklos, spielerisch laufen, streunen lassen, dabei konzentriert auf alle aufsteigenden Bilder achten.

Lasst Hast und Betriebsamkeit sein.
Schließt den Mund.
Nur dann werdet ihr den Geist des Tao begreifen.
(Laotse)

Meditieren. An gar nichts denken wollen. Dem Strom der Gedanken, die sich dennoch einstellen, zusehen wie Wolken, die am Himmel vorbeiziehen. Sogar die eigene Unruhe kann man wahrnehmen – und sie gerade dadurch in Ruhe verwandeln. In der Pause hat die Unruhe Zeit, aufzusteigen und wieder zu verebben, weil nichts sie auf die Seite drängt, weil nichts sie verdrängt.

Den Dingen, den Erlebnissen, auch der eigenen Arbeit ihren Wert wiedergeben, das kann der Sinn von Pausen sein:
„Warum hat sich das Leben so sehr beschleunigt? Warum sind die Dinge so – unerträglich kostbar –, dass man sie gar nicht genießen kann, sondern nur mit angehaltenem Atem darauf wartet, dass sie vergehen?“ (Anne Morrow Lindbergh)

Der Weise kennt keine Hast
und wer hastet, ist nicht weise.
(Asiatisches Sprichwort)

Machen wir's der Erde nach, werden wir gemächlicher. Gewinnen wir auch dem Stau eine weltgeschichtliche Bedeutung ab. Es ist Tatsache, dass sich die Erdrotation verlangsamt und die Tage um 1,6 Tausendstelsekunden pro Jahrhundert länger werden.

Zärtlich sein und geduldig bleiben – ein Rat den Günter Grass gibt:
„Werdet gesättigt, nicht satt. Lernt von der Schnecke, nehmt Zeit mit."

Die meisten Menschen hasten so sehr nach Genuss, dass sie an ihm vorbeirennen.
(Sören Kierkegaard)

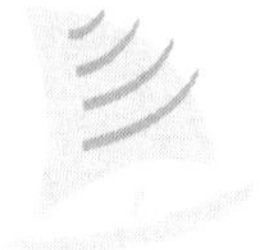

„**Die wahre Lebensweisheit** besteht darin, im Alltäglichen das Wunderbare zu sehen“ (Pearl S. Buck). Vor einem blühenden Baum stehen bleiben und die Blüten bewundern. Sich am farbigen Schillern der Seifenblasen freuen, während man den Abwasch macht. Dem Sonnenuntergang zuschauen.

Allgemein ist die Hast, weil jeder auf der Flucht vor sich selbst ist, allgemein auch das scheue Verbergen dieser Hast, weil man zufrieden scheinen will und die scharfsichtigeren Zuschauer über sein Elend täuschen möchte. Wir fürchten uns, wenn wir allein und stille sind, dass uns etwas in das Ohr geraunt werde, und so hassen wir die Stille und betäuben uns durch Geselligkeit. (Friedrich Nietzsche)

Redepause: Einfach einen Tag lang schweigen. Ein Zeichen gegen die Geschwätzigkeit setzen. Die Krimi-Autorin Martha Grimes schildert in einem ihrer Bücher ein interessantes Experiment: Der Held, ein Gelehrter und Adeliger, nimmt sich vor, während einer Autofahrt mit seiner geschwätzigen Tante nichts zu sagen – und es gelingt. Selbst während des High Tea in einem Restaurant, bei der noch eine andere Dame zugegen ist, bricht er sein Schweigegelübde nicht – und das Interessante: Niemandem fällt es auf: weder der Tante noch der Dame noch dem Kellner. Und die beiden Damen haben das Gefühl, sich selten so gut unterhalten zu haben …

Schön zu schweigen ist schwieriger als schön zu reden.
(Volksweisheit)

Gesprächspausen aushalten, gemeinsam schweigen können. Ein wunderbares Gefühl, wenn man mit Menschen zusammen ist, mit denen man auch gemeinsam schweigen kann.
Goethe: „So wie die Pausen eben so gut zum musikalischen Rhythmus gehören als die Noten, so mag es auch in freundschaftlichen Verhältnissen nicht undienlich sein, wenn man eine Zeit lang sich mitzuteilen unterlässt."

Schweigen – das bedeutet auch auf die innere Stimme zu hören, die oft vom äußeren Lärm übertönt wird. Schweigepausen können dir mehr über dich selbst sagen, über deine Ängste und Sehnsüchte, über deine Träume und Ziele im Leben.

Es gibt vielerlei Lärm.
Aber es gibt nur eine Stille.
(Kurt Tucholsky)

Den Tag gut beginnen – und gut beenden

„Ein Fauler wendet sich im Bett wie die Tür in der Angel“ (Sprüche 26,14). Sich im Bett noch einmal umdrehen, die kleine Pause vor dem Aufstehen: eine Tür in ein wunderbares Land. Also: Schon vor dem Anfangen den bewusstlosen Ablauf unterbrechen: Vor dem Aufstehen noch ein wenig liegen bleiben, ruhig warten, bevor man das Dämmerland der nachwirkenden Träume wirklich verlässt.

Nach langem gesundem Schlaf
in bambusumschatteter Stille
bin ich der Hast des Tages
weit entrückt.
(Daoistisches Gedicht aus China)

Den Morgen mit einer „Powerpause" beginnen. Ein Buch neben dem Bett liegen haben: mit Weisheitstexten, kurzen Sprüchen. Und vor dem Aufstehen kurz darin lesen. Denn die ersten Gedanken am Morgen können den Tag prägen und bestimmen. Die kleine Pause der Besinnung vor dem Anfang wird zur Energiequelle.

Das morgendliche Zähneputzen mit einer Übung verbinden: sich mit gerader Wirbelsäule auf die Zehenspitzen stellen und wieder zurück auf die Ferse – das Ganze während der drei Minuten durchhalten: Das tut den Füßen und den Beinen gut und strafft die Muskeln. Und außerdem hat man schon am Morgen das gute Gefühl, etwas für sich getan zu haben.

Sich rhythmisch bewegen: nach dem Aufstehen nicht gleich unter die Dusche hetzen, sondern eine Musik auflegen, zu der man sich einfach bewegen muss. Du wirst sehen: der Tag, der so – mit einer Pause – beginnt, wird einen eigenen Rhythmus entfalten.

Zehn Minuten früher aufstehen.
Zeit für eine kurze Morgengymnastik.
Energie für die Alltagsroutine.

Den Tag beginnen: in Ruhe frühstücken, den Duft des Kaffees oder des Tees genießen. In ein knusprige Brötchen beißen. Sich so gemächlich in den Rhythmus des Tages einschwingen.

Das ist wahrlich ein einfaches Vergnügen,
allein mit dem Ehemann zu frühstücken.
Aber wie selten schaffen verheiratete Leute dies
inmitten ihres hektischen Alltag!
(Anne Morrow Lindbergh)

Den Weg zur Arbeit nicht schon mit der Arbeit selbst verwechseln – noch ist Pause und man kann gar nicht tun: außer vielleicht die Zeitung zu lesen oder konzentriert auf den Verkehr zu achten.

Das Gleiche dann am Abend auf dem Nachhauseweg.
Jetzt gilt es loszulassen von möglichen Ärgernissen, Ängsten und dem schnellen Arbeitsrhythmus.

Den Übergang zum Feierabend gestalten. Nach Hause kommen und sich erst einmal ruhig hinsetzen können. Mit den Lieben daheim verabreden, dass man erst einmal fünf Minuten für sich braucht. Sich dann frisch auf die anderen einlassen, Haushaltspflichten erledigen und am Ende des Tages nochmals eine Ruhepause einlegen: Nicht gleich vom Fernsehen oder vom Buch ins Bett hüpfen.

Alles andere vergessen, die Kleinigkeiten des Tages, den Stress und allen Ärger.

Nach Hause kommen, ein Brot mit Liebe vorbereiten, ein Glas Wein einschenken, die Zeitung holen, die Füße hochlegen, ein Brot ganz langsam essen, Schluck für Schluck ein Glas Wein ganz langsam trinken. Jeder Schluck der ganze Weinberg, ein langer, träger Sommer, ein großer Herbst.

Am Abend das „andere" genießen, auch wenn es Pflichten wie Abwaschen, Müll raustragen, Wäscheaufhängen sind. Es ist eine Unterbrechung der anderen Arbeit. Und dann natürlich: sich Zeit nehmen miteinander zu reden, gemeinsam zu essen. Sich mit Freunden verabreden, ins Kino gehen.

Feierabendrituale entwickeln: Bei schönem Wetter nochmals kurz an die frische Luft gehen – „den Hund ausführen" – auch wenn man keinen hat.

Bei schlechtem und kaltem Wetter sich abends, vor dem Abendessen, ein warmes Bad einlaufen lassen.

In jedem Fall die Kinder erzählen lassen, wie ihr Tag war. Ebenso die Liebste/den Liebsten.

Ein Zubett-Geh-Ritual tut nicht nur den Kindern gut: Hat man mit ihnen gesungen, ihnen etwas vorgelesen, ist man entspannt für den restlichen Abend. (Es gibt Mütter und Väter, die regelmäßig dabei selbst einschlafen: dieses Signal ernst nehmen!) Wenn es unbedingt notwendig ist, noch etwas tun für den Haushalt oder Beruf. Doch irgendwann muss Schluss sein. Sich Zeit nehmen, vor dem Zubettgehen noch etwas Entspannendes zu tun.

Kinder brauchen Schmusezeiten – Erwachsene auch. Nutze die freie Zeit für zärtlichen Körperkontakt, das tut auch der Seele gut.

Vor dem Zubettgehen am Abend kurz noch eine Pause einlegen, den Tag Revue passieren lassen, die schönen und die weniger schönen Ereignisse. Und sich so vorbereiten für die gute Pause des Schlafens.

Stell dir vor, es ist Feierabend und keiner will heim.

Der Mittagsschlaf – die wunderbare Zeitvermehrung

Kein Tag ist so schlecht, dass er nicht mit einem Nickerchen verbessert werden könnte.
(Carrie Snow)

Eine Büromöbelfirma bietet seit neuestem einen Schreibtischstuhl an, mit dem man sich bequem zurücklehnen kann – so weit, dass man fast liegt. Er ist gedacht für das entspannende Nickerchen zwischendurch – im Büro. Denn, so die Firmenphilosophie: Wer viel und hart arbeitet, braucht den kleinen Erholungsschlaf, die tiefenentspannende Pause. Ein Nickerchen dient also auch dem Erfolg der Firma!

Ein Vorbild für heutige Vorgesetzte, die Unermüdlichkeit als höchste Tugend sehen, formuliert eine Weisheit der Wüstenväter. So lautete eine Frage der frühen Mönche an den Altvater Poimen: „Wenn wir beim Gottesdienst Brüder einnicken sehen, willst du, dass wir ihnen einen Stoß geben, damit sie in der Vigilie wachen?"
Er erwiderte: „Wahrlich, wenn ich einen Bruder einnicken sehe, dann lege ich seinen Kopf auf mein Knie und lasse ihn ruhen."
Machen wir's den Mönchen nach, halten wir ein Nickerchen.

Sogar die Prediger der Non-Stopp-Gesellschaft, der ständigen Kommunikation, die Computerfirma Apple, IBM und andere Konzerne erlauben den Mittagsschlaf und haben Räume dafür eingerichtet.

Dem Mittagstief nachgeben – es kommt sowieso nichts Gescheites dabei heraus – und sich ausruhen. Die Balance wiederfinden.

Das Beste, was man während der Mittagspause tun kann, ist: nichts zu tun. Ein Nickerchen machen von 10 Minuten bis zu einer halben Stunde. Das bringt tatsächlich verlorene Energien zurück.

Siesta-Wonnen erfahren:
„Die Ruhepause zur sechsten Stunde ist ein glückliches Beben."
(Gaston Bachelard)

„DOLCE FAR NIENTE" – das süße Nichtstun, „Siesta" – das Nickerchen nach dem Mittagessen: Warum dies nur im Urlaub in südlichen Gefilden praktizieren? Dass dies in den Alltag zu integrieren ist, die Leistung nicht leidet (vielleicht sogar im Gegenteil?), zeigen uns die Menschen in diesen sonnigen Ländern.

DER MITTAGSSCHLAF ist nicht nur in Südeuropa verbreitet und beliebt, sondern auch die so fleißigen Japaner mögen den Schlaf während des Tages: in den überfüllten öffentlichen Verkehrsmitteln ist es so ruhig, weil viele schlafen. Und sogar die Volksrepublik China kennt das Recht auf Mittagsschlaf: es ist dort in der Verfassung verankert.

Relax – gerade wenn es viel zu tun gibt: Mach die Augen zu. Und lebe auf. Vertrau der wunderbaren Kraft schon des kleinsten Nickerchens. Halte dich an berühmte kreative Vorbilder. Da sind die Künstler wie Leonardo da Vinci (der alle vier Stunden für 15 Minuten eingenickt sein soll und so an einem Tag mit eineinhalb Stunden Schlaf insgesamt auskam und viel Zeit gewann) oder Brahms, der sich wie viele andere zu dem Schlafgewinn „zwischendurch" ganz offen bekannte. Von Brahms weiß man, dass er immer wieder an seinem Klavier einnickte, als er seine berühmten Schlaflieder komponierte.

KÄMPFERNATUREN hat es zwischendurch ebenfalls „gepackt“:
Napoleon zum Beispiel hat selbst zwischen den Schlachten nicht auf seine kurze Augenpflege verzichtet und sich diesem süßen Bedürfnis ergeben, auch wenn ringsherum noch die Kanonen lärmten – um nachher umso erfolgreicher zu siegen.
Wer seine Augen auf diese Weise pflegt, sieht das viel entspannter, was andere den „Lebenskampf“ nennen. Und er bekommt mehr getan als mancher Hektiker. Und hat dabei noch viel mehr Spaß.

Wer mittags schläft, hat mehr vom Leben: Zum Thema Effizienz auf einen großen westlichen Staatsmann hören:

Winston Churchill, der jeden Tag zwischen Lunch und Dinner ins Bett ging und seine Staatstermine ums Nickerchen herum geplant hat, hat einem Gesprächspartner die Einsicht mitgeteilt: „Denken Sie bloß nicht, dass man dadurch weniger leistet, wenn man während des Tages schläft. Das ist eine törichte Vermutung von Leuten ohne Phantasie. Sie werden im Gegenteil mehr zuwege bringen. Sie werden zwei Tage in einen packen – zumindest eineinhalb, da bin ich ganz sicher."

Der Mittagsschlaf: die wunderbare Zeitvermehrung.

Im Schlaf ist man ganz bei sich selbst – und in seinen Träumen. Und kann sich danach wieder den Dingen widmen, die getan werden müssen.

Der alte chinesische Philosoph Jang Tschu war der Auffassung, dass uns „der Schlaf in der Nacht und nichtige Angelegenheiten am Tage" um die Hälfte unseres Lebens bringen. Gabriel Laub hat daraus seine eigene Schlussfolgerung gezogen: „Gegen den Schlaf am Tage hat Jang Tschu nichts gesagt. Und es gibt in der Tat nur wenig von dem, was wir tun, das man nicht als nichtig bezeichnen könnte."

Vom amerikanischen Präsident Ronald Reagan wird berichtet, dass er während der Lybien-Krise seine Sicherheitsberater anwies: „Wecken Sie mich, wenn etwas Wichtiges in der Welt passiert – und sei es während der Kabinetts-Sitzung." Im Übrigen ist diese Fähigkeit zum erfrischenden Schlaf quer durch die Parteien festzustellen, und nicht nur bei alten Präsidenten. Auch von Kennedy und Clinton weiß man, dass sie gerne – und bei jeder Gelegenheit – kurze Schläfchen machen konnten. Karl der Große soll übrigens jeden Tag drei Stunden Mittagsschlaf gemacht haben.

Wer sein kleines Schläfchen macht, gehört zu einer klaren Mehrheit (auch wenn viele das nicht wissen). Die Wissenschaft hat festgestellt, dass sechzig Prozent aller Erwachsenen wenigstens einmal die Woche kurz einnickt und ein Mittagsschläfchen hält. Dass das, was wissenschaftlich als richtig nachgewiesen ist, auch ein Vergnügen darstellt, ist so selten, dass man hinter diesen Fortschritt als moderner Mensch auf keinen Fall zurückfallen sollte. Und was auch nicht schlecht ist: Du brauchst weder Schlafanzug noch Zahnbürste für dieses Vergnügen zwischendurch.

Es lebe die Individualität des kleinen Schläfchens: Von fünf Minuten bis zu zwei Stunden kann die Dauer reichen. Die Wirkung ist die gleiche: neue Kraft und eine frische Stimmung.

Die Kunst des Nickerchens ist liberal. Feste Regeln gelten nicht. Jeder hat seine Eigenzeit und seinen bevorzugten Lieblingsort: Der eine empfiehlt es nach dem Essen als zweiten Digestiv. Aber auch ein Schläfchen am späten Vormittag hat seine Freunde. Versuche für dich herauszufinden, was die beste Zeit ist, jeder nach seinem Rhythmus. Der Platz kann eine Liege sein im Garten, zu Hause oder im Büro, ein Stuhl, die Wartebank in einem Amt oder beim Zahnarzt, die Schul- oder auch die Kirchenbank, Wald und Wiese, der Vortragssaal, ein Konzertraum, der eigene Schreibtisch, das Flugzeug, die Eisenbahn, der Bus …

Das Nickerchen als sozialer Akt. War man vorher müde, erschöpft und schlecht gelaunt, so ist man nachher für alle ein Geschenk.

Es ist das beste Schönheitsmittel und ein gutes Mittel, um jung zu bleiben. So haben Umfragen unter sehr alten – und immer noch fitten – Menschen ergeben, dass sie mittags immer ein Schläfchen eingelegt haben.

Auch das kleinste Schläfchen kannst du zelebrieren: Lass dir Zeit, zieh die Schuhe aus, streif dir bequeme Kleidung über oder zieh dich aus und deck dich zu. Kuschle dich in ein kleines Kissen. Lass das gute Essen in dir nachwirken. Und denk an gar nichts. Oder höre beruhigende Musik. Oder stelle dir einfach etwas besonders Schönes vor und lass dich in deine Träume fallen.

Nicht nur als Kompensation einer kurzen Nacht. Ein kurzes Schläfchen zwischendurch fördert deine Gesundheit. Es kostet nichts, ist sehr natürlich, nicht schweißtreibend, tut Leib und Seele gut. Und entspannt in allen Phasen. Nicht nur hinterher.

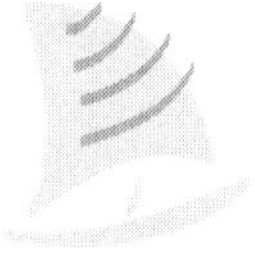

Ist der Mittagsschlaf vielleicht gar der wahre Luxus in unseren hektischen Zeiten? Die Schlafforscher Zulley und Knab bringen diese Vermutung auf den Punkt: „Wer mittags nicht schläft, kann es sich meist nicht leisten."

Wenn während der Arbeitswoche tatsächlich keine Möglichkeit zum Nickerchen besteht: Nutze die Zeit am Wochenende und in den Ferien zu ungestörtem Schlaf.

Am allerschönsten ist der Mittagsschlaf sowieso im Urlaub, ohne Zeitdruck – der Strand mit seinem beruhigenden Rauschen, undeutliche Musik und Stimmen von weither. Was langsam aufkommt und in die Seele sickert – und ohne Zeitdruck ist: „Meeresstille des Gemüts"
(Arthur Schopenhauer)

Wer einnickt, ist wie im Paradies: Werde wie die Kinder: entdeck den Mittagsschlaf. Und sei weise wie die Alten, die ihn zu ihren Privilegien zählen.

Und nachher? Ganz gemütlich. Strecken. Gähnen. Dehnen. Selig sein. Und ganz allmählich wieder zurückkehren ins Land des Alltags. Jetzt mit einer rosa Brille auf den Augen. Und mit einem Lächeln in der Seele.
Sich wie neugeboren fühlen.

Ein Schläfchen in Ehren kann niemand verwehren.

Kleine Ferien –
mal kurz aus dem Alltag
aussteigen

Pausen sind wie kleine Ferien. „Das leichtmütige Vergnügen der kleinen Ferien, das zwischen den Tätigkeiten herumflattert, hält die Dinge auseinander, schiebt sich dazwischen, ein Luftkissen für Gesichter. Wie sehr alle Dinge Luft zwischen sich brauchen, um sich abzuheben und nicht trübe ineinander zu fließen, wird man vor eitel Drinstecken in der Arbeit nicht immer gewahr." (Maria Otto)

Kaffeepause: Zehn Minuten Zeit, um die Tasse Kaffee oder Tee langsam zu trinken – nicht neben der Arbeit, sondern ganz bewusst sich erfrischen lassen vom Duft und der Wärme des Getränkes.
Oder Gipfel des Genusses: in ein schönes Café gehen, sich aus der Vielzahl der Leckereien etwas auswählen.
Sich umschauen und die leise, entspannte Stimmung in sich aufnehmen.
Langsam den Kuchen löffeln und den Kaffee, Tee oder die heiße Schokolade trinken.
Sich zurücklehnen.
Schauen.
Zeit haben.

Die Kaffeepause im Café verbringen, sich einrichten am Tisch, die Nachbarn diskret beobachten, vom Fensterplatz aus den Passanten zusehen: eine Stunde wie im Urlaub verbringen.

Statt von einer Arbeit in die andere zu fallen, sich überlegen:
Was sind meine Lieblingsbeschäftigungen?
Womit verbringe ich am liebsten meine Zeit?
Das Ergebnis dieser Überlegungen dann ohne schlechtes Gewissen in die Praxis umsetzen.

Eine Pause muss nicht lang sein. Eine Stunde, wenn sie glücklich ist, ist viel. „Nicht das Maß der Zeit entscheidet, wohl aber das Maß des Glücks." (Theodor Fontane)

Gesunde Pausen

Zigarettenpause: Die Fünfminutenpause verbringen, ohne zu rauchen.

Pinkelpause: Wie wäre es, auf die Toilette zu gehen, wenn man wirklich muss?

Kaffeepause: Wie wäre es, den Kaffee durch grünen Tee oder Kräutertee zu ersetzen?

Wenn alles über einem zusammenbricht, dann hat man immer noch einen Ort, an dem man nicht gestört werden kann: das „stille Örtchen" – die letzte Zuflucht – eine, an die einem niemand folgen kann: keine quengelnden Kinder, kein Chef, kein Telefongeklingel. Unerreichbar sein.

Wir könnten das Nichtstun, die Pausen, achten und lieben lernen, denn dort wo das Nichtstun verachtet und verhindert wird, wird das Tun zur zerstörerischen Gewalt. Dazu brauchen wir stille Orte – und manchmal auch stille Örtchen.
(Karlheinz A. Geißler)

Eine Pause für die Füsse:

Schuhe ausziehen, Beine strecken, Füße kreisen lassen, ihnen Freiheit und Raum geben. Eventuell einen dieser kleinen bunten Massagebälle mit ins Büro nehmen und sich am Schreibtisch eine Fußmassage gönnen.

Sich bewusst entspannen: Für ein paar Sekunden erst die rechte Hand anspannen, zur Faust ballen, dann loslassen und entspannen. Dann den rechten Arm, das rechte Bein, den Fuß mitsamt den Zehen: nacheinander anspannen und dann wieder loslassen. Dann die linke Körperseite ebenfalls der Reihe nach an- und entspannen. Schließlich den Bauch, den Hals und Nacken und auch das Gesicht (Mundpartie, Augen, Stirn) so behandeln. Zum Abschluss: kräftig gähnen. So wird alle Spannung im Körper losgelassen.

Entspannung fürs Gesicht: Mit den Fingerspitzen sanft das Gesicht massieren und bei der Stirn anfangen. Vorsichtig die Stelle über der Nasenwurzel massieren, dann die Schläfen, das Jochbein und den Kiefer entlang streichen. Den Nasenrücken und das Kinn nicht vergessen. Kräftig gähnen und dabei den Mund so weit wie möglich öffnen. Dies mehrmals am Tag wiederholen.

Eine erfrischende Atemübung aus der Tradition des Yoga:
Sich breitbeinig mit gerader Wirbelsäule hinhocken im sogenannten „Palaversitz“. Die Brust geöffnet halten und die Handflächen vor der Brust zusammennehmen. Und dann mit Geräusch kräftig ausatmen. Geht diese Haltung nur auf den Zehenspitzen, so sollte man sich eine Decke oder ein Kissen unter die Fersen legen. Zehnmal kräftig aus- und einatmen und dann erfrischt aufstehen. Eine echte Erfrischungspause.

Aufmerksamkeitspausen: Sich in leichteren und süßeren Gedanken und schöneren Gefühlen wiegen. In sich selber schaukeln. Während eines langweiligen Vortrags oder während einer abgehobenen Predigt selber abheben, sich in Gedanken davonstehlen, die Bilder im Kopf wandern lassen, sie zweckfrei betrachten wie im Kaleidoskop, das man bewegt, tagträumen und im diffusen Raum der Bilder, der Gefühle und Vorstellungen sich entrücken und sich selbst begegnen.

Aus dem Fenster schauen und spielenden Kindern zusehen, ohne Absicht, wie das Spiel der Kinder selbst.
Menschen auf der Straße beobachten.
Sich Geschichten zu jedem Einzelnen ausdenken.
Einen kleinen Roman erfinden.

Oder einfach nur sitzen und schauen. Dazu einen angenehmen Ort aufsuchen, im Sommer etwa einen Park. Oder in einem Museum vor einem Bild sitzen. Oder an einem Fluss. Solche Oasen gibt es überall, und es gilt, sie zu entdecken.

Leben, statt gelebt zu werden: Nicht von einer Aktivität in die nächste hetzen. Wenn eine Arbeit erledigt ist, bewusst eine Pause machen.
Eine größere Arbeit in kleinere Abschnitte zerlegen.
Spätestens aber nach jeder Stunde fünf Minuten Pause einplanen: Sich hinstellen, den Boden unter den Füßen spüren und bewusst ein- und ausatmen. Oder: einfach nur die Treppen rauf und runter laufen. Oder: sich ans Fenster stellen und den Blick nach draußen genießen.
Dann wieder zurückkehren an die Arbeit, die jetzt „dran“ ist.

Eine Pause machen – dem Regen zu schauen, wie er in die Pfützen plätschert.

Eine Pause machen – die Sonne, die durchs Fenster scheint, auf der Haut spüren.

Eine Pause machen – den Duft des Kaffees riechen.

Eine Pause machen – ein Stück Schokolade genießerisch zerschmelzen lassen.

Eine Pause machen – auf die Geräusche auf dem Flur lauschen.

Eine Pause machen – die warme Teetasse in den Händen spüren.

Eine Pause machen – warum nicht ein kurzes Nickerchen?

Eine Pause machen – dem Atem folgen.

Eine Pause machen – sich das Chaos rundum gelassen anschauen.

Eine Pause machen – wenn das Telefon nicht läutet, ist es für mich.

Während eines hitzigen Arbeitstages sich kurz kaltes Wasser über das Gesicht werfen – die Kühle auf der Haut fühlen und spüren, wie die Hitze langsam abklingt.

Alle Arbeit einfach liegen lassen, auch die Gedanken daran ruhen lassen. Und nur auf seinen eigenen Atem hören. 30 Atemzüge lang genießen, wie er langsam einströmt und langsam wieder ausströmt. Dabei besonders auf die feinen Härchen in der Nase achten.

Welch wunderbare Vorstellung: Man sitzt im Caféhaus. Vor sich eine Tasse Kaffee. Man schaut zwischendurch auf und ist genussvoll „in Gesellschaft alleine“ (Alfred Polgar). Und niemand drängt: keine Bedienung fragt nach weiteren Wünschen – im Gegenteil, man bekommt ein Gratisglas Wasser serviert, so wie es in den Wiener Caféhäusern üblich war. Keine Musik aus Lautsprechern gibt den Hintergrund ab, nur das diskrete Gemurmel der anderen Gäste ist zu hören. Der Versuchung widerstehen, auf die Uhr zu schauen. Eine echte Zeitpause, eintauchen in einen anderen Rhythmus.

Schreibtischpause. Das, was telefonisch erledigt werden könnte, persönlich tun: aufstehen, ein paar Schritte gehen, ein paar Worte wechseln, wieder zurück an den Schreibtisch.

Die Pause „riechen“: ein angenehmes Aroma schnuppern. Besonders erfrischend ist Bergamotte-Öl. Lavendel macht einen klaren Kopf. Melisse entspannt.
Oder ein Räucherstäbchen abbrennen. Lernen wir von der alten chinesischen Kultur: Hier hatte jede Tageszeit ihren eigenen Räucherduft.

Gesunde Pausen:

Auf dem Schreibtisch immer einen Apfel oder ein paar rohe Karotten bereitliegen haben. Sich Zeit nehmen, diese Vitaminbomben zu kauen und zu schlucken. Die Aromen auf der Zunge genießen. 10 Minuten schöpferische Pause. Und: es macht garantiert nicht dick.

Viermal am Tag ein großes Glas Mineralwasser trinken – oder auch Früchtetee. Das erfrischt den Körper – und den Geist.

Wenn man bei der Arbeit nichts zu lachen hat – die Pausen dazu nutzen.

Fitness-Pausen:

Eine einfache Übung gegen verspannte Schultern: Sich aufrecht hinstellen, Füße fest am Boden, die Wirbelsäule gerade. Stell dir vor, an deinem Steißbein hinge ein richtig schweres Gewicht. Dann nimmst du deine Arme mit gestreckten Ellbogen hinter den Rücken, führst die Hände zusammen und lässt nun die Arme langsam noch oben steigen. Das wirkt wie eine kleine Massage.

Pause vom Sitzen: Langes Sitzen erhöht die Gefahr einer Thrombose – das weiß man von Langstreckenflügen. Und auch im Alltag gilt: immer wieder aufstehen, Telefonate zum Beispiel im Stehen erledigen.
An langen Fernsehabenden sich zwischendurch strecken, dehnen und herumlaufen.

„Schlecht essen ist ein Mangel an Phantasie" (Wolfgang Siebeck). Das gilt auch für die Pausen. Statt Fast Food Slow Food. Das kann auch heißen, langsam ein liebevoll gemachtes Brot zu essen.

Pausengestaltung braucht den Wechsel, um nicht zur Routine zu werden: Warum immer die gleichen belegten Brote mitnehmen? Einmal in der Woche einen „Obsttag" einlegen oder Rohkost-Salate essen.
Aber auch mit Vergnügen „sündigen": sich mittags Zeit für ein ausgiebiges Mittagsmahl nehmen.
Oder eine „süße Pause" einlegen.

Man kann nicht gut denken, gut lieben, gut schlafen, wenn man nicht gut gegessen hat.
(Virginia Woolf)

Süß, bitter, scharf. Alles muss geschmeckt werden.
(Chinesisch)

In der Mittagspause mal etwas anderes essen als das Gewohnte.
Und sich dabei entspannen:
„Ein lächelndes Gesicht ist das halbe Essen."
(Lettisches Sprichwort)

Pausensnacks:

Ein Brot mit frischer Kresse.
Obstsalat.
Warum nicht auch mal Pommes rot-weiß?
Eine Auswahl Trockenobst.
Zitrusfrüchte.
Ein süßes Stückchen.
Ein Apfel tut immer gut.
Ein paar Nüsse, ungesalzen.
Ein großes Glas Wasser.

Denke daran: Wenn ich esse, esse ich, wenn ich trinke, trinke ich. Nichts „nebenbei" tun.

In der Mittagspause einmal in der Woche nur „Früchte der Saison“ essen:

Ein Schale Erdbeeren im Mai.

Kirschen im Sommer.

Pflaumen, Aprikosen, Birnen, Äpfel im Hochsommer und im Herbst.

Und im Winter Bananen und Zitrusfrüchte.

Sie können die Grundlage einer echten „Power-Pause“ sein.

Denn, so wussten schon die jüdischen Weisen: „Der Genuss der Früchte macht die Augen leuchten.“

Zeit, um in Ruhe zu essen. Und folgende Beobachtung von Karlheinz Geißler beherzigen: „Wenn wir so schnell verdauen würden, wie wir heute üblicherweise essen, hätten wir immerzu Durchfall." Der Magen signalisiert uns: er braucht die Pause. Warum nicht dieses Bedürfnis befriedigen – und die zugestandene Mittagspause voll ausschöpfen.

Hetze in der Mittagspause? Kaum Zeit, das Essen in sich hineinzuschaufeln? Langsames Essen bedeutet auch ein längeres Leben: „Wer gemächlich isst, dessen Tage und Jahre währen lang." (Jüdische Weisheit)

Sich selbst die Erlaubnis geben, die freie Zeit genießen zu dürfen:
„Genuss braucht Zeit. Zeit, die man sich nehmen muss – oder genussvoller gesagt –, Zeit, die man sich nehmen darf. Ausdrücke wie Mahlzeit, Freizeit werden wieder zu ihrem Recht kommen, wenn man sich die Zeit gönnt."
(Irmtraud Tarr Krüger)

Zeitinseln im Alltag finden: die Mittagspause so legen, dass man kurz vor den anderen zurückkommt – und diese fünf Minuten nicht mit Arbeit voll pflastern, sondern geruhsam ein Glas Wasser trinken. Oder einen warmen Tee im Winter.

Besuche machen:

Bei Freunden, in anderen Büros, in anderen Umgebungen.

Besuche machen die Zeit und die Stimmung weiter, offener.

Ganz anders noch bei dem Dichter der auf Nützlichkeit bedachten Aufklärungszeit Ch. Hagedorn, der schrieb: „Langweiliger Besuch macht Zeit und Zimmer enger:

O Himmel, schütze mich vor jedem Müßiggänger."

Wenn dich ein Problem nichts angeht, solltest du auch nicht versuchen, es zu lösen.

Pause – das ist nicht, wenn man sich die Zeit vertreibt. Sondern, wenn man die Zeit genießt.

In der Arbeit ist man bei der Sache. In der Pause bei sich selbst.

Nur wer bei sich ist, kann auch die Arbeit anders sehen.
Nur wer innerlich zur Ruhe kommt, wird auch eine äußere Ruhe-Zeit genießen können.

„Mach mal Pause“ – der geniale Spruch eines Getränke-Werbetexters, der zum Kaufen anreizen will und dazu auffordert, die Pause mit einem Produkt zuzuschütten. Die Alternative der Dichterin Elfriede Gerstl: „Mach mal Pause und schau mal in dich“.

Gut gegen Stress und Abgeschlagenheit ist die Pause im Freien: sich wohlig in die Wintersonne setzen wie ein Katze, die sich den Pelz wärmt, die Augen schließen und die Sonne ins Gesicht halten.

Über den Wochenmarkt gehen, die Düfte einatmen.
Eine Blume mitnehmen für den Schreibtisch.
Und eine Frucht, die man gleich langsam und genüsslich essen kann.

Im Winter in der Mittagspause die Wintersonne genießen – das beugt düsteren Stimmungen vor und man tankt genügend Sauerstoff. Außerdem ist es gut für die von der Heizungsluft strapazierte Haut.

Pausengänge: Gehen in den Pausen lenkt von der Arbeit ab und führt zu sich selbst. Herausgehen aus dem Kreisen um die Arbeit.

Besser laufen als faulen.
(Johann Wolfgang von Goethe)

Jede Möglichkeit zum Gehen benutzen.
Das durchlüftet das Gehirn.

Freizeit wirklich als freie Zeit betrachten: nicht auch hier noch starre Stundenpläne befolgen. Tun, was einem Freude macht. Sich bewegen, an die frische Luft gehen. An der frischen Luft zu laufen ist besser als jede Quälerei im Fitnesscenter.

Spazieren gehen ist eine Möglichkeit, den Fallen der Dauerarbeit zu entgehen.

Den Füßen eine Pause gönnen und so oft wie möglich barfuß laufen.

Staunen, sich „berühren" lassen. Stehen bleiben, wenn dich etwas anrührt oder anspricht. Das kann ein Mensch sein, ein Baum, eine Blume, eine Stelle in einem Buch, ein unvermuteter Blick in eine schöne Landschaft, ein spielendes Kind.

Die Notwendigkeit zur Leistung vergessen:
sich bewegen, weil es Freude macht, nicht um besonders schnell oder geschickt zu sein. Dabei den eigenen Rhythmus finden und sich wohlfühlen.

Power-Pause: bei schönem Wetter eine Runde Seilchen springen.
Bei schlechtem Wetter: zweimal ein paar Stockwerke die Treppe benutzen.

Mittagspause: wenn es warm ist und die Sonne scheint, in den Park gehen, sich auf eine Bank setzen und das mitgebrachte Brot essen.

Nach dem essen: ein kleine Runde in einen Park oder durch stille Seitenstraßen gehen, ganz bewusst und langsam. Das ist auch bei Regenwetter schön.

Die Woche „unterbrechen“: durch einen Gymnastikkurs oder Tanzkurs, durch gemeinsames Joggen oder den gemeinsamen Besuch im Fitnesscenter: Wichtig ist, etwas mit anderen Menschen zusammen zu machen und der Woche damit eine neue Struktur zu geben.

Die grossen Pausen sind in der Leistungsgesellschaft offensichtlich nicht so gefragt. Wieso werden Arbeitszeitmodelle, mit denen man sich eine Urlaubszeit „ansparen“ kann, nicht angenommen, wie viele Umfragen zeigen? Einfach einmal klein anfangen: Gibt es eine Gleitzeitregelung, sie voll ausschöpfen. Überstunden abschaffen. Die Zeit genießen, die nun frei ist.

Bei Stress zu Hause: Einen Kunstband aus dem Regal holen und nur ein einziges Bild betrachten, in allen Details und in aller Ruhe. Die Augen schließen und in Gedanken durch das Bild wandern.

Inmitten einer stressigen Hausarbeit: eine Katze auf den Schoß nehmen und so lange streicheln, bis sie schnurrt. Und diesen Zustand des Behagens zu verlängern suchen.

Medizinforscher haben festgestellt: ein Tier zu streicheln tut nicht nur dem Tier gut, sondern auch dem streichelnden Menschen: Man entspannt sich und fängt bald selber an „zu schnurren".

In der Badewanne liegen, das warme Wasser langsam einlaufen lassen, den Duft des Badeöls auf die Haut einwirken lassen. Mit den Zehen wackeln, mit den Händen ganz kleine Wellen schlagen.

Empfehlung für Situationen, in denen einfach alles zuviel wird: „Schlaf ein wenig. Leg das Telefon aufs Bett. Sieh den Lauf der Welt bei geschlossenen Augen." (Karl Krolow)

Im Wald spazieren gehen und die Stille genießen. In der Mittagszeit im nahen Park oder im Garten sitzen. Über eine Wiese laufen: „Es tut unserer Seele gut, wenn wir in den Rhythmus der Natur einschwingen. Naturgemäß leben heißt, auch dem Wesen der Seele gemäß leben."
(Anselm Grün)

Pausen in der Natur verbringen – die beste Möglichkeit, neue Kraft zu tanken. Im Gras liegen und die Energie der Sonne und der Erde spüren. Oder in einem ruhigen Wald langsam schlendern und spüren: Die Erde trägt mich.
Die Sonne scheint für mich.
Die Stille schützt mich.

Es gibt Orte der Pause, Orte, die friedlich und ruhig sind – und die man ganz bewusst aufsuchen kann. Das kann ein Ort im Park sein. Ein Baum irgendwo. Ein Weg im Wald, der einen Bach begleitet. Ein bestimmter Blick aus dem Fenster. Ein Zimmer. Das Sofa.

In aller Ruhe in den Biergarten gehen. Sich setzen, nicht in fremde Länder jetten: „Bier statt Kerosin" (Ernst Petz).

„Kehr ein, wo du Lust hast, und gönn dir die Sonne." (Peter Handke)

Stell dir vor es gibt Freibier, und niemand weiß wo!

Warum sich wegen morgen so viele Gedanken machen, wenn heute noch so weit weg ist?

Zwangspausen –
Unterbrechungen, die eigentlich keiner will. Oder doch?

Krankheiten nützen nicht bloß dem Doktor, sondern auch der Seele.
(Jean Paul)

Gut Ding braucht eine Pause. Wenn eine Entscheidung ansteht, wenn der Stress zu groß ist, zieht der Körper eine Notbremse: man bekommt eine „Grippe“ – oder etwas anderes, was uns „ruhigstellt“. Die Weisheit des Körpers neu entdecken. Schenk dir eine Pause, ehe die Krankheit zur Zwangspause führt.

Und auch Zwangspausen kann man für sich umdeuten: sich wohlig hineinfallen lassen in den sanften Fiebertraum, aufmerksam sein für das, was die Träume sagen. Sich kindlich wohlig einhüllen in die Behaglichkeit. Friedrich Nietzsche spricht aus Erfahrung: „Arznei der Seele – still liegen und wenig denken ist das wohlfeilste Arzneimittel für alle Krankheiten der Seele und wird, bei gutem Willen, von Stunde zu Stunde seines Gebrauchs angenehmer."

Eine Erkältung? Tränende Augen, laufende Nase, einen Kopf wie Watte? Nicht gleich zu heftigen Medikamenten greifen. Der Körper braucht Ruhe. Im Bett bleiben, heißen Tee trinken und schwitzen. Ein wenig leichte Lektüre. Und nach ein paar Tagen fühlt man sich wieder wie neugeboren.

Der Druck ist zu gross, die Seele erschöpft – und man wird krank. Sich darüber zu ärgern, nützt nichts. Jetzt ist es wichtig, sich Zeit zu nehmen zum „Auskurieren“ und für die „Rekonvaleszenz“. Auf die Signale des Körpers und der Seele lauschen. Jetzt ist die Zeit dafür vorhanden.

Oft meldet sich unser Körper – schmerzhaft –, wenn wir eine Pause brauchen. Schmerzt der Rücken, so ist es gut, tatsächlich ein bis drei Tage auszusetzen, den Rücken zu entspannen. Sich massieren zu lassen tut nicht nur den verspannten Muskeln gut, sondern auch der Seele. Wichtig: die Zeit zu genießen und nicht daran denken, was man so alles verpasst oder eigentlich tun müsste. Sich auf die Entspannung ganz und gar einlassen.

Sich die Zeit gönnen, die der Körper und die Seele brauchen, um wieder auf die Beine zu kommen.

Der Mensch, der krank im Bette liegt, kommt mitunter dahinter, dass er für gewöhnlich an seinem Amte, Geschäfte oder an seiner Gesellschaft krank ist und durch sie jede Besonnenheit über sich verloren hat: er gewinnt diese Weisheit aus der Muße, zu welcher ihn seine Krankheit zwingt. (Friedrich Nietzsche)

Wenn die Zwangspausen ernsterer Natur sind,
eine ernste Krankheit droht oder Arbeitslosigkeit:
sich gegen die Depression entscheiden und die
Ruhephase nutzen, um sich an die eigenen
Ressourcen zu erinnern:
Was ist mir wirklich wichtig?
Was gibt meinem Leben Sinn?
Was macht meine Lebensqualität aus?
Wie kann ich für andere nützlich sein?
Es gehört Mut dazu, sich solche Fragen zu stellen,
trotz allem.

Zwangspausen, das sind die Situationen, die unserer Kontrolle entzogen sind, an denen wir nichts ändern können. Wie beim Warten: „Im Warten tut man nichts: man wird plötzlich auf sich zurückgeworfen, in einsamer Stille. Man versucht es mit Ablenkung, nimmt ein Buch, beobachtet andere, versucht zu schlafen; am wirksamsten ist aber die Ablenkung Arbeit, und sie hat den meisten Wert. Also hat man gottlob auch immer etwas mit in seinem Aktenköfferchen. Die Pause muss gefüllt werden. Das Nichts, die Einsamkeit, die Stille, wir können sie schwer ertragen: Sie sind Einfallstor für ungelöste Probleme, für Fragen an sich selbst, die sonst nicht gestellt werden müssen, für Gespenster aus Vergangenheit und Zukunft. Letztlich für Erinnerungen an das ewige Stille bedeutende Ende."
(Peter Heintel)

Beim Warten mit anderen Menschen ins Gespräch kommen.
Oder ganz bewusst sitzen oder stehen. Warten als Meditationsübung.
Der Zeitforscher Karlheinz Geißler: „Es sind die Wartesäle unseres Lebens, in denen wir Zeit erleben und erfahren können, wo wir uns selbst begegnen – und anderen Menschen ebenso.“

Man kommt mit einer Arbeit nicht weiter, weil man auf etwas wartet, das man dringend braucht. Sich ärgern zerrt an den Nerven. Warte auf kreative Weise: Gehe spazieren. Wende dich einer anderen Arbeit zu – nach angemessener Pause natürlich.

Die Arbeit liegen lassen: Wenn der Computer abstürzt, nicht verzweifeln. Kannst du den Schaden nicht selber beheben, genieße die geschenkte Zeit.

Feiertage – auch diese kollektiven „Auszeiten" empfinden manche als Zwangspausen: vor allem Weihnachten, die Zeit bis Neujahr, aber auch die Oster- und Pfingstwochenenden. Fast alle müssen pausieren, darin liegt auch eine Chance, die Zeit bewusst zu gestalten, vernachlässigte Bedürfnisse zu entdecken: nach ausführlichen Gesprächen, langen Spaziergängen, gemeinsamen Spielen und Unternehmungen.

Feiertage: drei Tage, an denen so gar nichts los ist – draußen ist niemand auf der Straße, die Cafés und Restaurants sind leer oder haben geschlossen, die Freunde sind mit ihren Familien beschäftigt. Man ist zurückgeworfen auf sich selbst. Eine Möglichkeit, Streitereien und Unbehagen vorzubeugen: Kein aufwändiges Essen kochen – wenn es nicht zur Freizeitgestaltung gehört. Hektik im Vorfeld vermeiden. Sich überlegen, ob man jemanden einladen will. Und wenn ja: wen? Sich schon vorher verständigen über unterschiedliche Erwartungen – auch das kann ja ein Teil von „Vorfreude" sein.

Der Stau – ebenfalls eine Zwangspause, die im Kollektiv erfahren bzw. erstanden wird: Der Stau macht alle gleich. Da man sowieso nichts ändern kann:
Die Zeit nutzen, um eine gute Kassette aufmerksam zu hören.
Für Leute, die viel unterwegs sind und notgedrungen im Stau stehen: eine Hör-Bibliothek bereithalten.
Oder die Zeit mit bewusstem Atmen verbringen.
Oder an der nächsten Ausfahrt herausfahren und in die nächste Stadt, um dort vielleicht überraschende Entdeckungen zu machen.
Wichtig ist nur: von der Vorstellung Abschied zu nehmen, nun noch pünktlich irgendwo sein zu wollen.

Zwangspausen können Zeitgeschenke sein; Ist eine Verabredung geplatzt – schau dir ein witziges Video an und lache aus vollem Herzen. Kommst du nicht rechtzeitig zur Verabredung, weil du im Stau stehst – mache einen anderen Termin aus, kehr um und verbringe die freie Zeit daheim – oder irgendwo sonst, wo du dich wohlfühlst.
Liegst du krank im Bett – so träume, lese, schlafe, denke nach.
Musst du warten – so kannst du meditieren, nachdenken – oder mit den Mitwartenden reden.

Pause in der Pause: Während eines Staus auf der Autobahn ein kleines Büchlein neben sich liegen haben – und nur einen Satz lesen. Und diesen als homöopathische Dosis auf sich wirken lassen.

Schenk dir eine Pause, wenn der Zug Verspätung hat. Wenn du auf einen Bus wartest. Wenn der Stau sich nicht auflösen will. Wenn du im Warteraum des Arztes lange Zeit hast. Wenn die Ampel an der Baustelle gerade auf eine lange Rotphase geschaltet hat. Durchatmen. Entspannen. Nimm dieses „Zeitloch" als persönliches Geschenk. Solche Momente sind über den Tag verstreut. Verbinde sie zu einer Pausenkette, die den Alltag wertvoll macht. Ein Experte sagt: „Ein Tag mit 15 Momenten, in denen die Zeit still zu stehen scheint, wird Sie ausgeglichen und ruhig machen, unabhängig davon, wieviel Stress Sie hatten."

Die bayrische Volksweisheit, die auch bei ungewollten Pausen tröstlich ist, heißt „Aussitzen": *Des meiste dahockt man und des wenigste darennt man.*

Vor der Erschöpfung – die schöpferische Pause

„Pausen“, so Karlheinz Geißler, „sind nahrhaft. Die von unseren Müttern liebevoll belegten Pausenbrote haben dies immer wieder neu erleben lassen.“

Schon die Märchen kennen Ruhephasen. So muss der junge Held erst einmal Jahre auf der Ofenbank verbringen, bevor er stark genug ist, um die Abenteuer zu bestehen. Oder er schläft erst einmal vor dem entscheidenden Kampf. Wer „durcharbeitet“, ständig trainiert, wird die Herausforderung eben nicht bestehen.

Die moderne Variante: Es ist nachgewiesen, dass es sinnvoll ist, vor einer Prüfung, für die man kräftig gelernt hat, einen Ruhetag einzulegen, an dem man nichts für die Prüfung macht. Prüflinge, die diese einfache Pausenwahrheit beherzigen, schneiden besser ab.

Außerdem ist es sinnvoll, so hat die Forschung festgestellt, nachdem man etwas gelernt hat, ein Nickerchen einzulegen und zu schlafen. Dann schneidet man besser ab. Voraussetzung ist natürlich, dass man vorher gut gelernt hat.

BILDUNG BRAUCHT PAUSEN. Man kann sogar sagen: Pausieren bildet. Denn, so hat Nietzsche gesagt: „Die Bildung wird täglich geringer, weil die Hast größer wird.“

Der Kreativitätsforscher Mihaly Czikszentmihaly stellt fest: „Pausenlose Geschäftigkeit ist kein gutes Rezept für Kreativität. Man sollte eine gewisse Zeit am Tag, in der Woche, im Jahr einplanen, um eine Bestandsaufnahme von seinem Leben zu machen und zu analysieren, was man bisher erreicht hat und welche Aufgaben noch vor einem liegen.“

Von einem sehr erfolgreichen Amerikaner ist folgender Ausspruch überliefert. Auf die Frage, wie er denn all das schaffe, was er tue, antwortete er: „Das kann ich nur, weil ich mir jeden Tag zwei Stunden Zeit nehme, um nichts zu tun."
Die enttäuschte Antwort: „Dazu hätte ich keine Zeit."

Einige sehr erfolgreiche Geschäftsleute und Politiker sind stolz darauf, mit wenigen Stunden Schlaf auszukommen und sagen, dass sie sich tatkräftiger und entschlossener fühlen, wenn sie wenig schlafen. Aber in der Regel schlafen kreative Menschen recht lange und erklären, dass die Originalität ihrer Ideen darunter leidet, wenn sie keinen ausreichenden Schlaf bekommen. Sie sollten folgende Erkenntnis von Samuel Johnson beherzigen:
„Jeder geistige Fortschritt ist nur durch Muße möglich."

Vor einer stressigen Besprechung, einer Prüfung, einer sehr anspruchsvollen Arbeit, eine kurze Pause machen und den Kreislauf in Schwung bringen: die Treppen rauf und runter laufen, einmal schnell um den Block gehen. Das baut die Stresshormone ab und man ist danach frisch und gelassener.

Eine alte Erfahrung, die immer wieder etwa bei festgefahrenen Tarifverhandlungen zu beobachten ist: Wenn nach einer Mammutsitzung eine Pause eintritt, ist die Lösung danach schon ein Schritt näher gerückt. Also: bei festgefahrenen Gedanken immer wieder eine Pause einlegen – etwas anderes tun, an etwas anderes denken.

Dass sich während der Pausen etwas „tut“, zeigt die Erforschung der sogenannten Weihnachtspause durch das Meinungsforschungsinstitut Allensbach: In der ruhigen Zeit zwischen den Jahren verändert sich die öffentliche Meinung allein dadurch, dass man miteinander spricht, sich austauscht.

Ein vollgesteckter Tag mit kleinen und auch großen Entscheidungen – wenn es auch nur die Entscheidung ist, wie man die Mittagspause verbringen möchte: einen Zeitpunkt der Ruhe einlegen, tief ein- und ausatmen. Mit freiem Kopf lässt sich gut entscheiden.

Eine Entscheidung „überschlafen“: Wie viel Weisheit steckt in diesem alltäglichen Rat, wenn man eine schwierige Entscheidung treffen muss. Zwar ist es eine Hilfe, wenn man in zwei Rubriken die Argumente „dafür“ und „dagegen“ aufschreibt. Doch das betrifft meistens nur die Ratio. Das Gefühl braucht mehr Zeit – und die Pause des Schlafes.

Das Gleiche gilt für Konflikte, für den Streit. Natürlich ist es am besten, wenn man versöhnt den Abend beschließen kann. Doch oft ist es auch so, dass am nächsten Morgen die Dinge in einem sanfteren Licht erscheinen – oder plötzlich eine „dritte Lösung“, ein echter Kompromiss möglich wird, an den im Eifer des Gefechtes niemand gedacht hat.

Alle Innovationen brauchen Zeit – und die kreative Pause: es aushalten können, wenn man in der Sackgasse zu stecken meint und nicht zur „zweitbesten" Lösung zu greifen, die doch letztlich unbefriedigend ist. Eine Pause bringt den klaren Kopf, der nötig ist. Manager und Mitarbeiter, die ständig unter Druck stehen, können nicht mehr kreativ und innovativ sein.

Die wirklichen Geschäfte werden oftmals nicht am Konferenztisch abgeschlossen, sondern während einer Pause, beim Kaffee ganz nebenbei – oder gar beim Gang auf die Toilette.

Die Politik kennt sie: die Verhandlungspause. Gerade wenn zwei oder mehr Parteien sich streiten, um mehr Geld, um Prestige oder gar um Landesgrenzen, gibt die Pause Gelegenheit, sich zu besinnen, nach anderen und neuen Möglichkeiten Ausschau zu halten, der Kreativität eine Chance zu geben, die eingefahrenen Bahnen zu verlassen.

Das wissen übrigens auch Mütter sehr gut: Wenn zwei Geschwister sich in den Haaren liegen, ist es oft am besten, die beiden auch räumlich zu trennen, den Streit zu unterbrechen: Danach verhalten sich die Kontrahenten oft so, als sei nichts geschehen.

Spielen lüftet Geist und Seele aus – echte kreative Pausen. Solche Pausen legen wir übrigens ganz unbewusst ein: wenn wir auf dem Blatt Papier vor uns herummalen, Kästchen oder Männchen zeichnen.

Die Lust am Spielen wiederentdecken – Lachen entspannt, Bewegung lüftet den Kreislauf, Denkspiele fordern zu unkonventionellen Strategien heraus.

Rat des Dichters: „Spiele das Spiel. Gefährde die Arbeit noch mehr." (Peter Handke)

Für alle, die kurz vor dem Burnout stehen: Nicht die Hektik, sondern die Ruhepausen bringen die wahrhaft großen Erfindungen und Gedanken hervor.

Sabbatjahr: Nur wenige können es sich leisten, ein Jahr lang ganz auszusteigen. Aber warum nicht mit kleinen Schritten beginnen: jede Woche eine „Sabbatstunde" ganz für sich: Zeit, um zu sehen, wie eigene Träume verwirklicht werden können. Denn Pausen sind die Räume, die Kreativität freisetzen.

Innehalten, sich Zeit nehmen, aus dem gewohnten Gleis des Alltags auszubrechen, sozusagen eine Nebenstrecke zu fahren. Oder einfach nur innezuhalten, um nachzudenken, ob man noch auf dem richtigen Gleis ist, die eigene Lebensrichtung stimmt. Wenn du meinst, dass die Richtung stimmt, kannst du guten Gewissens weitermachen – wenn nicht, dann überlege, was du ändern willst – und was die ersten Schritte sind: Gönn dir eine Pause, denn Leben ist mehr …

Nichts tun kann klären:
Wenn das Wasser sich nicht bewegt,
wird es klar.
(Tibetisch)

Für Vieldenker ist eine nützliche Pause das Abschalten der Gedankenmaschine und das Nichtsdenken:
„Denn das Faulsein der Gedanken kann Erfindungen hervorbringen." (Friederike Mayröcker)

Die innere Stimme ist nur zu hören, wenn man eine Pause macht, aus der Hektik und dem Alltagslärm aussteigt. Dann klären sich plötzlich verwickelte Probleme. Wer pausenlos nachdenkt, dreht sich im Kreis.

Gehen als Pausenfüller. Das beruhigt ungemein: Es gibt keinen Stress, der nicht „vergeht", wenn man spazierengeht. Und alles „läuft" wieder besser, wenn man eine Weile gelaufen ist.

Musse ist die Voraussetzung aller schöpferischen Taten, so wissen berühmte Dichter und Denker von sich zu berichten:

In meinem Geist herrschte eine poetische, das heißt aber: schöpferische Situation, welche die Trägheit hervorruft. Denn der Dichter ist zuallererst ein Faulenzer, ein Nichtstuer, und das sage ich zum Lob des Poeten.
(Miguel de Unamuno)

Müssiggang ist aller Laster Anfang und aller entscheidenden Fähigkeiten Ursprung, Prüfung und Lohn.
(Heimito von Doderer)

Ob nicht die Tage, die wir gezwungen sind, müßig zu sein, diejenigen sind, die wir in tiefer Tätigkeit verbringen, ob nicht unser Handeln, selbst wenn es spät kommt, nur der Nachklang einer großen Bewegung ist, die in untätigen Tagen uns geschieht? Jedenfalls ist es wichtig, mit Vertrauen müßig zu sein, wenn möglich mit Freude.
(Rainer Maria Rilke)

Alles gackert, aber wer will noch still auf dem Neste sitzen und Eier brüten?
(Friedrich Nietzsche)

Es gibt ein Leben jenseits der Arbeit – Feste, Wochenenden und Ferien

Leben ohne Feste ist wie ein langer Weg ohne Rasthäuser.
(Demokrit)

Feste sind wie Pausen im Alltag: Hier kann man in Ruhe plaudern – aber auch ein Gespräch abbrechen, ohne unhöflich zu sein – der nächste Gesprächspartner wartet ja schon. Man kann auch einfach nur da sein und beobachten – wenn es genügend Gäste gibt. Man kann sich ein wenig verrückt aufführen, lachen, reden. Erstaunliche Züge an sich selbst entdecken – und an anderen. Feste haben etwas „Zwangloses", etwas, was vom Zwang des Arbeitsalltags befreit.

MAN SOLL DIE FESTE FEIERN, wie sie fallen. Aus dem Alltag aussteigen und ein Fest mit Freunden feiern, zu dem alle etwas mitbringen.

FESTE sind ganz besondere Pausen im Alltag, sie heben noch einmal das Wochenende hervor oder den Wochentag, an dem ein Fest stattfindet. Auch wenn keine Party-Kluft vorgesehen ist: Man zieht sich sorgfältiger an, schminkt sich, steht noch einmal vor dem Spiegel. Damit tut man nicht nur sich selber gut, sondern zeigt auch den anderen, dass man festlich gestimmt ist.

Feste sind wie Schokolade: man kann sie nur in Maßen genießen – zuviel Fest ist Party und wird zum Alltag.

Man spricht nicht von ungefähr von einer „Festgemeinschaft"; man macht etwas zusammen: essen und trinken, vielleicht auch einer Rede zuhören, tanzen, Spiele spielen. Charles Dickens beschreibt in seine „Weihnachtsgeschichte", wie am Weihnachtstag die Erwachsenen Blinde Kuh spielen und gemeinsam singen. Plane auf einem Fest einmal ein Tanz-Spiel ein. Das bringt in Bewegung.

Feste feiern ist besser als feste arbeiten.
(Volksweisheit)

Ein Soziologe hat religiöse Feiertage bezeichnet als „Monumente im Strom der Zeit, die keiner mehr entziffert ... Wer je in einer Intellektuellenrunde saß, die darüber rätselte, was zu Mariä Empfängnis eigentlich gefeiert wird, weiß, wovon die Rede ist" (Konrad Paul Liessmann). Ein Vorschlag: den Sinn der Feiertage wieder entziffern.

Stoßsseufzer

Am Weihnachtssonntag kam er zu mir,
in Jack und Schurzfell, und roch nach Bier.
Und sprach zwei Stunden zu meiner Qual
von Zinsen und von Kapital;
ein Kerl, vor dem mich Gott bewahr!
Hat keinen Festtag im ganzen Jahr!
(Theodor Storm)

Den Ruhetag kennen fast alle Kulturen: „Sechs Tage darfst du schaffen und jede Arbeit tun. Der siebte Tag ist ein Ruhetag, dem Herr, deinem Gott geweiht. An ihm darfst du keine Arbeit tun … Denn in sechs Tagen hat der Herr Himmel, Erde und Meer gemacht und alles, was dazugehört; am siebten Tag ruhte er. Darum hat der Herr den Sabbattag gesegnet und ihn für heilig erklärt." (Exodus 20, 8–11)

Die Weisheit eines alten Textes: sich einen Tag Zeit nehmen für die geistigen Bedürfnisse. Das können spirituelle sein, aber auch künstlerische: eine Ausstellung besuchen oder selber malen. Ein wirklich gutes Buch lesen, das Muße braucht. In ein Konzert gehen. Und dann dort die Pause in der Pause genießen: mit einem Glas Sekt oder Saft.

Nichts zu tun, das sei oft das Wichtigste, was man sich und anderen tun kann, so Jürgen Fliege: „Es ist wie ein Sabbat des Herzens. Und es müsste eigentlich so ein Sabbat des Herzens von alters her mindestens alle sieben Tage erlebt werden."

Der Mensch ist ein beschränktes Wesen, unsere Beschränkung zu überdenken, ist der Sonntag gewidmet.
(Johann Wolfgang von Goethe)

Eine Pause kann in Hochstimmung versetzen – besonders, wenn man sie sich einen Tag lang gönnt.
So wusste man im alten China schon: „Einen Tag ungestört in Muße verleben, heißt: einen Tag lang ein Unsterblicher zu sein.“

Man kann nicht immer entscheiden, wie man arbeiten möchte, aber man kann entscheiden, wie man seinen Sonntag verbringt.
(Irmtraud Tarr Krüger)

SONNTAGS NIE: Einmal ausprobieren, wie das ist, einen Sonntag lang aufs Autofahren zu verzichten oder gar aufs Fernsehen. Sich rechtzeitig überlegen, was man stattdessen tun möchte: Vorlesen, den Kindern aus der eigenen Kindheit erzählen (Kinder sind ganz scharf auf diese Geschichten!), Spiele spielen, spazieren gehen, die Nachbarn einladen, mit Freunden reden …

SONNTAGS NIE: „Probesitzen", „Probeliegen", „Probewohnen", Probe …
Schließlich leben wir ja auch nicht „auf Probe".
Stattdessen: wirklich leben, auf dem Balkon sitzen, die Lange-Weile genießen.

SONNTAGS NIE: dem verkaufsoffenen Sonntag den „verkaufsfreien" Sonntag entgegenstellen.

Am Samstag schon für den Sonntag einen wunderbaren Sonntagskuchen backen. Gemächlich den Teig rühren und die Teigschüssel ausschlecken. Den Duft aus dem Backofen einsaugen. Den fertigen Kuchen bewundern. Und ihn dann – vielleicht am Sonntag schon zum Frühstück, mit lieben Menschen Stück für Stück aufessen.

Sonntagsbrunch: einmal im Monat sich mit Freunden zum Brunch in einem schönen Lokal verabreden: Man ist ausgeruht und ausgeschlafen und einfach in Sonntagslaune …

Den Sonntag mit Leuten verbringen, die Zeit haben zum Trödeln, zum langsamen Schlendern, zum ausgedehnten Eisessen im Café.

Den Samstagabend genießen: Zeit haben für Lektüre, vielleicht auch für ein Gedicht, das man früher so geliebt hat. Langsam lesen und träumen.

Das Gleiche mit der Lieblingsmusik tun: jeden Ton in sich aufnehmen. Mitsummen. Tanzen. Sich sentimentalen Gefühlen hingeben. Wenn sie zu Ende ist, wohlig aufseufzen und sich wieder dem Tag zuwenden.

Feste Bräuche geben Struktur – und sie geraten immer mehr in Vergessenheit: Das sagt schon der Fuchs zu Exupérys kleinem Prinzen. Und auf die Frage, was das denn sei, ein fester Brauch, sagte der Fuchs: „Es ist das, was einen Tag vom anderen unterscheidet, eine Stunde von anderen Stunden."

Ein Wochenende gemeinsam mit Freunden verbringen, gemeinsam kochen und essen, etwas unternehmen, reden. Zeit haben und sich auf diese Weise eigene Feiertage gestalten.

Bewusste Auszeit nehmen: Am Wochenende einen Tag ohne Telefon, Fernsehen, Auto verbringen. Lesen und Musik hören. Nach draußen gehen und laufen. In der Badewanne liegen und entspannen. Meditieren. Schlafen, wenn man müde ist. Tief durchatmen.

Nicht-Tun ist eine prima Alternative, wenn man ständig unter Druck ist. Das gilt besonders für das Wochenende. Es ist schwierig, aus dem hektischen Rhythmus auszusteigen und gar nichts zu machen. Vielleicht eingekuschelt auf dem Sofa liegen und einen dicken Wälzer lesen. Oder einfach nur spazieren gehen. Sich nichts vornehmen: Pause.

Warum nicht einmal ein Wohlfühl-Wochenende einplanen: Ein Hotel buchen, das nicht zu weit, aber weit genug weg ist, in schöner Umgebung. Das vielleicht eine Sauna hat und Massagen anbietet. Sich verwöhnen lassen, ohne selbst viel dazu tun zu müssen.

Wochenende: die Erledigungen möglichst schon auf den Freitagnachmittag verlegen – dann ist der Freitagabend und das gesamte Wochenende „frei“.

Sich Zeit nehmen, Freunde einzuladen, gemeinsam zu essen und zu reden. Den Aufwand fürs Kochen möglichst gering halten.

Sich so richtig pflegen: Zeit für die Badewanne, eine Gesichtsmaske. Sich einölen von Kopf bis Fuß. Danach ein wohlig-warmes Nickerchen.

Auch das ist mal möglich: den ganzen (verregneten) Sonntag im Bett verbringen, kleine Snacks bereitstellen, vielleicht ein Glas Sekt. So richtig lottern.

Kinder lieben alle Arten von Karten und Brett-Spielen – sich von der Begeisterung anstecken lassen und am Abend und am Wochenende mitspielen.

Mit anderen zwanglos ins Gespräch kommen – das kann geschehen in der Kneipe, in so genannten Straußwirtschaften, wo alle eng beieinander sitzen, ein ganz gemischtes Publikum. Eine solche Mischung findet man nur noch in und nach der Kirche. Hier ergeben sich Möglichkeiten des zwanglosen, absichtslosen Gesprächs. Pause von den verzweckten Gesprächen am Arbeitsplatz.

Sich am Samstag mit einer Freundin zum Einkaufsbummel verabreden. Neue Sachen anprobieren und ausprobieren. Sich im Café über die Einkäufe freuen – oder darüber, was man alles gespart hat oder nicht braucht …

Der schönste Tag der Woche ist Freitagabend. Hier zeigen sich die wahren Pausenqualitäten: der Stress der Woche fällt ab wie Schlacken. Das Wochenende ist gedehnt. Man hat keine Alltagspflichten (das, was erledigt werden muss, kann man auch am Samstagvormittag machen). Man muss nichts tun – nur genießen.

Am Sonntagabend sich langsam wieder auf die Woche einschwingen: überlegen, was man am Montag in der Frühe machen muss. Die Anziehsachen zurechtlegen. Doch vor dem Schlafengehen nichts Problemorientiertes mehr machen. Der Montag hat schließlich noch nicht begonnen. Am besten, man findet eine Möglichkeit, entspannt zu lachen: Frage dein Kind nach dem besten Kinderwitz. Oder zieh dir deine Lieblingscomedyshow rein.

Wenn es schon nicht immer gelingt, seine eigentliche Beschäftigung gern zu tun: dann wenigstens in den Pausen Dinge tun, die man neben seiner eigentlichen Beschäftigung gerne tut. Essen, trinken, gärtnern, ins Museum gehen, sich etwas ansehen, sich umsehen.

Langeweile am Wochenende? Oft ist dies ein Zeichen, dass die Hektik der Woche inhaltslos weiterläuft. Man hat Lust zu gar nichts. Dann heißt es, Langeweile akzeptieren. Dösen. Ein wenig herumkramen. Wenn es sein muss, in der Wohnung ziellos herumtigern – besser: den Bewegungsdrang nutzen und nach draußen gehen. Nach einiger Zeit wird die Langeweile verschwunden sein. Und man hat wieder Lust: aufs Kino. Auf ein Pizza-Essen. Die Freundin anzurufen. Aus Langeweile wird neue Energie.

Wochenende, das sind sozusagen kurze Ferien. Die „langen Ferien“ wecken in uns Sehnsüchte: nach fernen Ländern, nach Abenteuer, nach Ausschlafen, Nichtstun, je nachdem.

Ferien nicht verplanen, einen wirklichen Unterschied leben. Die Amerikaner kennen den Ausspruch „it makes a difference“. Was ist es, das den Unterschied ausmacht zum Alltag? Muße? Sport? Die Sonne? Oder einfach nur die ausgedehnte Zeit?

Ferien – die grosse Unterbrechung der Alltagsroutine. Zunächst wacht man noch dann auf, wann sonst der Wecker klingelt. Dann findet der Körper seinen eigenen Rhythmus zwischen Aktivitäten – schwimmen, laufen, radeln, Museumsbesuchen, Sightseeing – und Muße: lesen, schlafen, schlendern, sonnen, meditieren.

Zeit, die nicht mit Aktivitäten angefüllt ist, hat auch ihre Tücken. Am dritten Urlaubstag, so sagen Untersuchungen, kommt es oft zum Streit. Es kommt darauf an, diesen Tag durchzustehen – bis man sich wirklich auf die Ferien einlassen kann. Wer die Tage von vornherein vollstopft mit Aktivitäten, hat keine Chance.

Auch das ist möglich: andauernde Langeweile, wenn man „eingesperrt" ist in einer Unterkunft, es ständig regnet, keine anderen Gesprächspartner zu finden sind ... Dann ist es gut, sich aufzumachen, etwa in die örtliche Kneipe zu gehen, mit anderen zu reden. Die Umgebung zu erkunden – trotz Regen.

Regenferien:
Gemütlich im Hotelzimmer, in der Ferienwohnung ... sitzen.
Ein langes Buch lesen.
Gesellschaftsspiele spielen und die Nachbarn dazu einladen.
Lange Unterhaltungen.
Sich mit Massagen verwöhnen lassen.
Gut essen und trinken.
Spazieren gehen und den Regen auf der Haut spüren.

Winterferien:

Schneemann bauen.

Schneeballschlacht veranstalten.

Schlitten fahren.

Durch unberührten Schnee stapfen und Fußspuren im Schnee vergleichen.

Vögel füttern.

Der eigentümlichen Winterstille lauschen.

Bei Vollmond einen Schneespaziergang machen.

Glühwein trinken.

Käsefondue essen oder Raclette.

Sich an ein Kaminfeuer setzen oder einen Kachelofen lehnen.

Karten spielen.

Mit Freunden und Unbekannten sitzen und reden.

Sich körperlich austoben: Die Geschwindigkeit beim Skifahren genießen. Oder die gleitende Fortbewegung beim Langlauf. Wieder Schlittschuh laufen.

Sommerferien:
Kindheitserinnerungen an scheinbar unendliche Tage. An Abenteuer mit Freunden. An Lesenachmittage. An Spiele. Warum nicht diese Erinnerungen aktivieren und nachleben? Ganz in dem sein, was man gerade tut. Die Zeit vergessen. Der Museumsbesuch ist auch morgen noch möglich. Das Meer, die Berge ... sind auch morgen noch da. Zeit, die Zeit zu genießen.

Sommerferien: Nichts tun, die kühle Brise genießen, Zeit zum Reden zu haben. Den Tag lang werden lassen. Eine echte Pause einlegen, die Hektik der Arbeit zu Hause lassen: Wie schön ist doch das alte Wort „Sommerfrische“.

Schwimmen in der Rückenlage: „Im Wasser einfach auf den Rücken legen, entspannen und nichts tun – außer Tagträumen nachzugehen – und das Dahintreiben im Wasser genießen.“ (Irmtraud Tarr Krüger)

Oder etwas anderes: mit dem Rucksack unterwegs sein, sich ganz auf den Rhythmus eines anderen Landes einlassen. Mit den Leuten reden. Neue Eindrücke sammeln.

Oder sich so richtig auspowern beim Radfahren, Schwimmen, Wandern. Die Sonne dabei spüren, den Körper durchlüften – und sich dann wohlig müde auszustrecken.

Urlaub ohne unnötigen Ballast: Nur das Nötigste einpacken, einmal ohne Fotoapparat und Videokamera reisen. Das entlastet ungemein von Zwängen.

Zeit der Muße in den Ferien: in einem Tagebuch alle wesentlichen Eindrücke notieren: Wo man wann war. Welche Leute man getroffen hat. Wo man besonders gut (oder besonders schlecht) gegessen hat. Worüber man gelacht oder gestaunt hat.
Das spätere Nachlesen lässt diese Zeit wieder gegenwärtig werden – als seien die Ferien erst gestern vorbei: Wunderbare Verlängerung der Ferien.

Während einer längeren Autofahrt wirklich alle eineinhalb oder zwei Stunden eine Pause machen. Warum nicht in eine Stadt am Weg fahren, deren Sehenswürdigkeiten man schon lange einmal anschauen wollte? In jedem Fall: aussteigen, Sauerstoff tanken und sich kurz recken und bewegen, Wasser trinken.

„Nimm dir Zeit – und nicht das Leben." So lautete der Slogan der deutschen Verkehrswacht: Langsam reisen.

Das kann man auch beim Wandern ausprobieren. Hier gilt im wahrsten Sinne: Der Weg ist das Ziel. Was gibt es Schöneres, als an einem ersten warmen Frühlingstag unterwegs zu sein, langsam, den Boden spürend, die warme Luft zu atmen, Frühlingsdüfte aufzusaugen. Sich dann auf eine Bank oder in eine Wiese zu setzen, sich zu sonnen, zu räkeln wie eine Katze. Oder einzukehren in einen Biergarten. Oder die ersten Frühlingsblüten zu genießen. Oder ...

Die Ferien langsam angehen, sonst arten sie in neue Arbeit aus: Schon Nietzsche macht sich über eine bestimmte Sorte von Vergnügungsreisenden lustig, die pausenlos aktiv sind:
„Sie steigen wie Tiere den Berg hinauf, dumm und schwitzend; man hatte ihnen zu sagen vergessen, dass es unterwegs schöne Aussichten gebe."

Die Ferien „nachschmecken": den mitgebrachten Wein, die Früchte gemeinsam genießen. Oder auch: die Fotos anschauen, sich an jede Einzelheit, an den Geruch des Meeres, die klare Luft in den Bergen, die Vielfalt der Menschen in der Weltstadt … erinnern.

Urlaub mit der Eisenbahn für echte Optimisten –
anwendbar nicht nur in den Ferien:
Das Leben in vollen Zügen genießen.

Warum sich wegen morgen so viele Gedanken machen, wenn heute noch so weit weg ist?